BESTACTIVITYBOOKS.COM

EERSTE EDITIE - Gepubliceerd in 2022

Extra grafisch materiaal van: www.freepik.com
Dank aan: Alekksall, Starline, Pch.vector, Rawpixel.com, Vectorpocket, Dgim-studio, Upklyak, Macrovector, Stockgiu, Pikisuperstar & Freepik.com Designers

5 TIPS OM TE BEGINNEN!

1) HOE OP TE LOSSEN

De Puzzels zijn in een Klassiek Formaat:

- Woorden worden verborgen zonder pauzes (geen spaties, streepjes, ...)
- Oriëntatie: Voorwaarts & Achterwaarts, Boven & Beneden of in Diagonaal (kan in beide richtingen)
- Woorden kunnen elkaar overlappen of kruisen

2) ACTIEF LEREN

Naast elk woord is een spatie voorzien om de vertaling te noteren. Om actief te leren vindt u een **WOORDENBOEK** aan het einde van deze editie om uw kennis te controleren en uit te breiden. U kunt elke vertaling opzoeken en opschrijven, de woorden in de puzzel vinden en ze vervolgens aan uw woordenschat toevoegen!

3) TAG JE WOORDEN

Hebt u al geprobeerd een labelsysteem te gebruiken? U zou bijvoorbeeld de woorden die moeilijk te vinden waren kunnen markeren met een kruis, de woorden die u leuk vond met een ster, nieuwe woorden met een driehoek, zeldzame woorden met een ruit enzovoort...

4) ORGANISEER UW LEREN

Wij bieden ook een handig **NOTITIEBOEKJE** aan het eind van deze uitgave. Of u nu op vakantie, op reis of thuis bent, u kunt uw nieuwe kennis gemakkelijk ordenen zonder dat u een tweede notitieboek nodig hebt!

5) AFGESLOTEN?

Ga naar de bonussectie: **FINAAL UITDAGING** om een gratis spel te vinden dat aan het einde van deze editie wordt aangeboden!

Wil je meer leuke en leerzame activiteiten? Het is **Snel en Eenvoudig!**
Een hele collectie spelboeken slechts **één klik verwijderd!**

Vind uw volgende uitdaging bij:

BestActivityBooks.com/MijnVolgendeBoek

Klaar... Start!

Wist u dat er zo'n 7000 verschillende talen in de wereld zijn? Woorden zijn kostbaar.

We houden van talen en hebben hard gewerkt om de boeken van de hoogste kwaliteit voor u te maken. Onze ingrediënten?

Een selectie van onmisbare leerthema's, drie grote plakken plezier, dan voegen we er een lepel moeilijke woorden en een snuifje zeldzame woorden aan toe. We serveren ze met zorg en een maximum aan verrukking, zodat je de beste woordspelletjes kunt oplossen en veel plezier beleeft aan het leren!

Uw feedback is essentieel. U kunt een actieve bijdrage leveren aan het succes van dit boek door een recensie achter te laten. Vertel ons wat u het meest beviel in deze editie!

Hier is een korte link die u naar uw bestelpagina brengt:

BestBooksActivity.com/Recensies50

Bedankt voor uw hulp en veel plezier met het spel!

Linguas Classics

1 - Metingen

T	É	M	Ô	L	I	K	G	C	B	D	T	K	T	B	R
Ấ	Q	O	A	C	U	Ề	I	H	C	L	K	L	O	D	U
N	I	K	I	R	K	I	L	Ô	G	A	M	M	L	V	P
M	C	P	U	Y	G	N	Ợ	Ư	L	M	Â	Q	Í	R	L
A	G	A	U	G	H	P	Q	T	I	B	P	K	T	B	A
H	Y	C	Â	N	N	Ặ	N	G	B	N	D	Y	Ú	O	M
C	Y	Y	S	Ộ	Q	N	M	N	Y	Y	I	Y	H	V	U
T	É	M	Ộ	R	T	M	D	Ợ	T	N	I	B	P	L	N
I	R	A	Đ	U	R	Q	T	Ư	E	D	V	A	Y	H	C
M	N	Ì	B	Ề	D	H	H	L	C	P	O	M	P	C	A
P	U	C	N	I	H	B	Ậ	I	N	K	T	C	R	R	O
P	I	I	H	H	T	B	P	Ố	U	C	Y	C	T	M	N
C	C	L	O	C	Đ	G	P	H	O	A	U	G	C	R	M
T	P	D	V	A	B	Ộ	H	K	I	L	C	I	K	Q	I
Y	G	L	C	V	T	O	Â	C	E	N	T	I	M	E	T
B	Y	L	V	C	R	L	N	C	H	I	Ề	U	D	À	I

CHIỀU RỘNG
BYTE
CENTIMET
THẬP PHÂN
ĐỘ SÂU
CÂN NẶNG
TRÌNH ĐỘ
GRAM
CHIỀU CAO
INCH
KILÔGAM
KILÔMÉT
CHIỀU DÀI
LÍT
KHỐI LƯỢNG
MÉT
PHÚT
OUNCE
TẤN
ÂM LƯỢNG

2 - Opwarming van de Aarde

A	G	M	C	Y	C	C	C	H	Ậ	U	Q	U	Ả	H	N
G	O	I	O	M	V	Ọ	H	Á	T	H	A	Y	Đ	Ổ	I
T	B	K	R	K	Y	H	M	Í	C	Ự	C	C	Ắ	B	Y
U	Ậ	H	Í	H	K	A	M	Y	N	T	H	M	Y	U	H
C	D	Ủ	M	P	O	O	U	U	R	H	H	V	R	L	N
Ô	Ữ	N	Ô	H	B	H	I	U	U	B	P	Ế	Q	B	Ă
N	L	G	I	Á	Q	K	C	D	Q	R	R	H	H	T	N
G	I	H	T	P	O	À	B	Â	Y	G	I	Ờ	Ủ	Ệ	G
N	Ễ	O	R	L	H	H	T	Ư	Ơ	N	G	L	A	I	L
G	U	Ả	Ư	U	I	N	Ể	I	R	T	T	Á	H	P	Ư
H	N	N	Ờ	Ậ	T	M	K	M	M	Y	H	B	Q	T	Ợ
I	L	G	N	T	K	H	K	Q	Q	R	G	P	Y	G	N
Ệ	R	G	G	Q	U	Ố	C	T	Ế	R	V	C	R	K	G
P	T	P	Q	U	T	G	I	H	Í	T	R	T	V	K	Q
N	H	I	Ệ	T	Đ	Ộ	Q	U	C	H	Ú	Ý	C	A	B
K	I	R	D	P	T	K	Q	D	T	O	K	D	O	U	U

CHÚ Ý
BẮC CỰC
KHỦNG HOẢNG
NĂNG LƯỢNG
KHÍ
DỮ LIỆU
CÁC THẾ HỆ
HẬU QUẢ
CÔNG NGHIỆP
QUỐC TẾ
KHÍ HẬU
MÔI TRƯỜNG
BÂY GIỜ
PHÁT TRIỂN
CHÍNH PHỦ
NHIỆT ĐỘ
TƯƠNG LAI
THAY ĐỔI
NHÀ KHOA HỌC
PHÁP LUẬT

3 - Boten

B	C	N	G	O	L	L	C	K	B	V	T	Ồ	H	K	T
M	I	Ộ	B	P	U	H	A	Q	R	R	Y	M	À	H	P
K	L	Ể	T	C	Y	G	K	I	N	R	T	N	N	U	C
A	L	I	N	B	T	Y	C	Y	U	A	M	M	G	H	B
Q	H	N	Ề	Y	U	H	T	U	D	H	B	Q	H	I	C
P	V	H	R	R	C	Ồ	G	N	Y	O	Q	T	Ả	T	V
B	M	M	A	K	T	Q	M	A	L	M	S	H	I	Y	T
P	K	K	R	T	B	T	D	C	R	G	Ô	Ả	L	O	H
D	V	Ơ	C	G	N	Ộ	Đ	H	D	V	N	I	Đ	B	U
P	H	I	H	À	N	H	Đ	O	À	N	G	L	Ạ	È	Y
D	M	N	Y	T	C	Ừ	B	B	P	K	M	Ý	I	C	Ề
D	O	C	K	H	Y	B	H	K	K	K	D	D	D	D	N
N	E	O	A	H	P	A	R	T	A	A	R	A	Ư	N	B
K	B	C	O	P	T	G	G	Y	Y	Q	B	Q	Ơ	R	U
S	Ó	N	G	G	B	I	A	L	A	Â	I	H	N	M	Ồ
X	U	Ồ	N	G	M	Y	U	C	K	P	D	G	G	Q	M

NEO
PHI HÀNH ĐOÀN
PHAO
DOCK
SÓNG
DU THUYỀN
KAYAK
XUỒNG
HÀNG HẢI
CỘT BUỒM
HỒ
ĐỘNG CƠ
HẢI LÝ
ĐẠI DƯƠNG
SÔNG
DÂY THỪNG
PHÀ
BÈ
BIỂN
THUYỀN BUỒM

4 - Chocolade

M	A	I	L	M	O	D	Y	T	I	I	B	U	C	C	P
Q	O	N	C	Y	O	Ừ	K	C	C	M	B	G	Ô	H	P
M	Y	O	T	Ộ	B	A	C	R	P	P	N	M	N	Ấ	V
H	I	G	Y	I	Đ	Ậ	U	P	H	Ộ	N	G	G	T	C
R	A	N	L	D	O	Ẹ	K	Y	I	N	C	Y	T	L	P
L	R	Ạ	C	K	A	X	T	D	L	G	R	Ê	H	Ư	Y
C	A	L	O	P	C	L	I	G	D	Ọ	Q	U	Ứ	Ợ	T
N	L	Ỳ	D	U	A	V	U	D	N	T	C	T	C	N	H
Y	L	K	M	L	C	B	L	V	A	K	I	H	G	G	À
Q	Q	L	U	Q	Đ	V	P	D	O	N	K	Í	C	Q	N
L	N	D	B	U	Ư	I	Ị	L	H	Q	T	C	A	M	H
P	D	T	B	R	Ờ	K	V	T	K	O	Q	H	R	D	P
R	R	I	H	C	N	Đ	Ắ	N	G	A	C	V	A	L	H
Y	A	U	H	Ơ	G	N	L	B	P	L	O	G	M	H	Ầ
V	U	T	R	N	M	G	C	O	M	B	G	H	E	K	N
G	G	A	M	R	B	T	H	M	O	K	M	B	L	K	B

ANTIOXIDANT
THƠM
ĐẮNG
CACAO
CALO
KỲ LẠ
YÊU THÍCH
NGON
THÀNH PHẦN
CARAMEL
DỪA
CHẤT LƯỢNG
ĐẬU PHỘNG
BỘT
CÔNG THỨC
VỊ
KẸO
ĐƯỜNG
NGỌT

5 - Gezondheid en Welzijn #2

C	O	D	Ị	Ứ	N	G	V	B	L	G	V	R	L	N	P
B	Ệ	N	H	V	I	Ệ	N	I	O	Y	H	B	H	Ă	H
Ă	X	O	A	B	Ó	P	P	I	T	G	N	Ễ	O	N	Ụ
G	N	Ỡ	Ư	D	H	N	I	D	G	A	Ạ	N	R	G	C
U	L	K	A	L	M	G	L	T	I	Q	M	H	P	L	H
H	H	Q	I	Q	U	P	Q	A	H	U	E	I	I	Ư	Ồ
V	V	A	G	Ê	H	Y	C	I	C	H	Ỏ	G	N	Ợ	I
R	Ệ	G	N	Ặ	N	N	Â	C	R	L	H	V	C	N	C
I	Y	S	A	H	K	G	A	Ơ	L	U	K	L	O	G	A
Q	H	C	I	V	G	G	N	T	A	O	H	H	I	C	L
M	Á	U	C	N	G	N	Ẳ	H	T	G	N	Ă	C	M	O
B	N	Q	L	L	H	V	M	Ể	R	C	R	H	Q	Q	O
G	I	Ả	I	P	H	Ẫ	U	H	Ọ	C	L	Q	C	V	Q
Q	G	T	I	Ê	U	H	Ó	A	T	L	A	Q	N	V	U
V	C	Q	D	I	T	R	U	Y	Ề	N	V	U	L	D	L
B	P	Q	I	L	N	H	I	Ễ	M	T	R	Ù	N	G	L

DỊ ỨNG
GIẢI PHẪU HỌC
MÁU
CALO
ĂN KIÊNG
NĂNG LƯỢNG
DI TRUYỀN
CÂN NẶNG
KHỎE MẠNH
PHỤC HỒI
VỆ SINH
NHIỄM TRÙNG
CƠ THỂ
XOA BÓP
TIÊU HÓA
CĂNG THẲNG
VITAMIN
DINH DƯỠNG
BỆNH VIỆN
BỆNH

6 - Tijd

T	L	I	U	H	B	Đ	Ê	M	M	K	C	L	B	O	T
H	Ô	M	Q	U	A	A	N	T	P	S	A	U	U	R	H
S	Ớ	M	L	T	Ư	B	B	Ă	B	O	R	N	Ổ	O	Á
A	A	Y	Ị	C	R	L	T	Â	M	B	H	U	I	G	N
A	K	C	C	Q	T	H	R	B	Y	G	V	G	S	M	G
Ỷ	K	Ế	H	T	I	À	O	A	R	G	N	K	Á	T	B
P	B	C	Q	O	Ổ	N	C	O	P	V	I	L	N	D	O
T	U	Ầ	N	N	U	G	A	G	T	P	A	Ờ	G	H	L
U	R	D	H	I	B	N	K	T	P	Q	L	I	Q	I	D
A	U	I	A	C	G	Ă	C	B	N	G	G	G	T	H	D
N	G	À	Y	O	K	M	K	H	K	P	N	B	T	Ô	K
P	T	P	U	M	T	B	P	K	Y	R	Ơ	T	H	M	P
Ồ	H	G	N	Ồ	Đ	T	Y	Q	U	D	Ư	H	Ậ	N	Q
P	U	Ú	C	I	C	C	Q	Q	Y	Q	T	O	P	A	M
T	C	Y	T	V	Y	Q	O	L	V	R	A	D	K	Y	A
T	G	V	T	U	Q	C	K	Y	A	Y	P	I	Ỷ	C	O

NGÀY
THẬP KỶ
THẾ KỶ
HÔM QUA
NĂM
HÀNG NĂM
LỊCH
ĐỒNG HỒ
THÁNG
BUỔI TRƯA
PHÚT
SAU
ĐÊM
BÂY GIỜ
BUỔI SÁNG
TƯƠNG LAI
GIỜ
HÔM NAY
SỚM
TUẦN

7 - Meditatie

P	B	O	R	D	T	R	Q	Q	T	Ố	T	G	N	Ò	L
Ở	H	T	T	L	M	Q	U	D	H	N	C	G	I	T	Y
A	N	O	M	Y	R	L	A	C	Ư	B	L	D	V	I	N
L	Ì	Q	N	K	O	G	N	V	Ơ	D	A	K	M	H	M
D	B	L	M	G	M	N	S	K	N	U	Y	N	N	Ạ	P
I	A	N	B	I	T	À	Á	M	G	Y	C	Ê	A	N	M
I	Ò	Ơ	T	H	I	R	T	L	H	M	Ú	I	L	H	C
Ế	H	T	Ư	T	I	Õ	À	L	Ạ	Â	X	H	Q	P	H
C	C	Ế	O	B	Â	R	K	O	I	L	M	N	L	H	Ú
H	L	I	U	K	V	M	G	H	M	Ặ	Ả	N	Ĩ	Ú	Ý
Ấ	D	B	N	D	U	D	T	H	I	N	C	Ê	H	C	G
P	L	G	N	Ặ	L	M	I	H	U	G	G	I	G	Ạ	G
N	C	N	B	I	Y	L	R	H	Ầ	Y	L	H	N	K	C
H	G	Ò	A	K	M	A	O	Y	P	N	M	T	Y	V	M
Ậ	T	L	M	P	Q	U	A	N	Đ	I	Ể	M	U	L	O
N	V	L	Q	I	M	B	A	I	G	Q	G	V	S	P	N

CHÚ Ý
CHẤP NHẬN
THỞ
PHONG TRÀO
LÒNG BIẾT ƠN
CẢM XÚC
SUY NGHĨ
HẠNH PHÚC
RÕ RÀNG
TƯ THẾ
LẶNG
THƯƠNG HẠI
TÂM THẦN
ÂM NHẠC
THIÊN NHIÊN
QUAN SÁT
QUAN ĐIỂM
IM LẶNG
HÒA BÌNH
LÒNG TỐT

8 - Muziek

Đ	B	A	L	L	A	D	P	A	M	H	Ò	A	H	Ợ	P
P	I	V	G	Y	L	G	A	T	I	K	Q	A	A	D	N
P	U	Ệ	I	Đ	I	A	I	G	C	R	N	U	V	A	G
T	Y	T	P	L	N	D	A	D	R	C	Ổ	Đ	I	Ể	N
I	D	N	V	K	K	A	H	Ụ	O	Â	M	N	H	Ạ	C
N	O	K	R	K	H	L	Á	N	P	C	M	U	R	A	T
C	H	C	A	S	Ĩ	Ú	T	G	H	N	Ì	T	Ữ	R	T
O	U	Ị	C	M	Q	I	C	C	O	V	B	I	O	V	D
B	P	O	P	U	G	K	I	Ụ	N	H	B	B	D	N	C
Y	O	E	M	B	H	B	Y	M	E	I	L	D	T	Q	R
V	K	A	R	L	H	N	I	N	I	N	M	A	C	Ộ	G
T	P	C	P	A	L	H	T	N	H	Ạ	C	S	Ĩ	Đ	Y
Q	V	N	V	R	P	A	H	Ứ	N	G	B	I	Ế	N	T
V	Q	Q	U	O	P	P	Ơ	Y	N	B	U	M	H	Ế	P
D	D	U	B	K	D	I	T	D	T	T	O	R	Q	I	M
G	H	I	Â	M	N	H	Ị	P	N	H	À	N	G	T	G

ALBUM
BALLAD
HÒA HỢP
ỨNG BIẾN
DỤNG CỤ
CỔ ĐIỂN
ĐIỆP KHÚC
TRỮ TÌNH
GIAI ĐIỆU
MICROPHONE
ÂM NHẠC
NHẠC SĨ
OPERA
GHI ÂM
THƠ
NHỊP
NHỊP NHÀNG
TIẾN ĐỘ
CA SĨ
HÁT

9 - Vogels

T	R	Ứ	N	G	L	K	H	Y	D	K	L	H	K	I	A
Ị	R	Y	R	M	B	U	G	N	Y	H	D	U	Y	N	B
V	P	T	V	H	C	T	G	H	L	Q	Ạ	Y	U	H	O
M	D	G	Ẹ	M	V	O	C	M	C	Y	U	D	P	V	A
N	D	P	Q	V	O	D	O	V	O	Q	Q	N	O	M	U
M	G	R	I	N	N	U	U	T	P	G	N	Ỗ	G	N	T
T	A	I	Y	A	Y	O	Â	M	V	L	O	C	N	I	U
O	I	P	P	T	T	Ụ	C	H	N	Á	C	M	I	H	C
U	B	Ồ	N	Ô	N	G	Ồ	D	Ể	Y	C	I	M	T	C
C	H	B	L	G	T	C	B	U	I	Y	T	Ò	A	H	P
A	Đ	I	U	C	I	Y	M	O	B	Ệ	U	Q	L	I	R
N	À	G	N	Ô	C	Ú	I	H	G	C	C	P	F	Ê	B
H	Đ	R	B	D	D	O	H	I	N	M	M	C	U	N	D
C	I	T	N	I	U	C	C	L	Ò	C	I	Q	G	N	B
G	Ể	B	T	T	U	A	Ẻ	S	M	I	H	C	Y	G	B
Y	U	N	R	C	L	C	U	R	U	I	C	I	D	A	V

CHIM BỒ CÂU
VỊT
TRỨNG
FLAMINGO
NGỖNG
GÀ
CHIM CU
CON QUẠ
MÒNG BIỂN
CHIM SẺ
CÒ
CON VẸT
CÔNG
BỒ NÔNG
CHIM CÁNH CỤT
DIỆC
ĐÀ ĐIỂU
TOUCAN
CÚ
THIÊN NGA

10 - Behoud

N	U	T	M	N	N	U	A	T	Q	K	O	I	K	X	X
Ư	O	P	Ự	O	P	A	G	M	V	T	H	L	M	A	E
Ớ	C	H	G	N	Ữ	V	N	Ề	B	Ì	K	Í	M	N	Đ
C	R	D	D	B	H	G	I	Ả	M	N	N	B	H	H	Ạ
M	C	Ụ	D	O	Á	I	G	I	O	H	R	G	G	Ậ	P
G	Ô	O	N	U	U	C	Ê	Q	B	N	Q	L	G	Q	U
M	Ễ	I	H	N	Ô	Y	Q	N	I	G	M	T	G	Y	Â
I	Á	H	T	H	N	I	S	Ệ	H	U	C	M	S	L	S
A	N	H	Ấ	R	M	C	Y	D	O	Y	H	K	Ứ	P	Ừ
V	V	N	H	T	Ư	O	T	H	C	Ệ	C	K	C	L	R
T	Á	I	C	H	Ế	Ờ	T	A	P	N	B	B	K	H	T
R	C	A	A	K	Q	P	N	U	G	Q	K	N	H	Ữ	C
H	O	Q	Ó	Y	V	D	T	G	C	R	C	N	Ỏ	U	Ố
H	T	P	H	Q	O	N	N	H	G	K	U	N	E	C	U
M	D	G	Q	P	B	H	Y	N	V	Y	H	G	C	Ơ	H
T	H	A	Y	Đ	Ổ	I	V	O	R	B	U	M	R	G	T

HÓA CHẤT
BỀN VỮNG
HỆ SINH THÁI
XE ĐẠP
SỨC KHỎE
XANH
KHÍ HẬU
MÔI TRƯỜNG
TỰ NHIÊN
GIÁO DỤC
HỮU CƠ
THUỐC TRỪ SÂU
TÁI CHẾ
THAY ĐỔI
GIẢM
Ô NHIỄM
TÌNH NGUYỆN
NƯỚC

11 - Wiskunde

Q	U	Ả	N	G	T	R	Ư	Ờ	N	G	O	A	P	G	M
C	U	N	T	N	P	B	G	U	K	Q	B	K	D	P	R
C	O	D	P	C	O	P	O	V	B	T	M	A	L	L	Q
V	R	I	N	T	N	T	M	B	L	A	C	Ọ	H	Ố	S
B	P	K	H	M	Ổ	T	R	K	D	B	Á	O	R	H	N
L	O	H	N	Í	K	N	Á	B	U	I	I	B	R	R	P
Đ	Ố	I	X	Ứ	N	G	G	S	O	N	G	S	O	N	G
H	Ì	N	H	C	H	Ữ	N	H	Ậ	T	A	C	M	Â	A
Q	C	T	T	C	Ó	L	N	N	D	O	Đ	H	Ũ	H	V
N	Ầ	I	M	H	V	G	V	R	Q	C	Y	U	M	P	U
P	U	T	A	M	G	I	Á	C	P	Ọ	Q	V	Y	P	Ô
Đ	Ư	Ờ	N	G	K	Í	N	H	G	H	M	I	G	Ậ	N
P	H	Ư	Ơ	N	G	T	R	Ì	N	H	Â	U	T	H	G
Â	M	L	Ư	Ợ	N	G	U	P	Q	N	C	N	I	T	G
A	O	K	Y	N	A	D	C	V	Y	Ì	H	N	S	V	Ó
A	L	K	Q	H	D	I	O	Q	A	H	O	P	A	Ố	C

CẦU
THẬP PHÂN
ĐƯỜNG KÍNH
TAM GIÁC
MŨ
PHÂN SỐ
HÌNH HỌC
GÓC
VUÔNG GÓC
CHU VI
SONG SONG
HÌNH CHỮ NHẬT
SỐ HỌC
TỔNG
BÁN KÍNH
ĐỐI XỨNG
ĐA GIÁC
PHƯƠNG TRÌNH
QUẢNG TRƯỜNG
ÂM LƯỢNG

12 - Gezondheid en Welzijn #1

Y	H	Đ	V	G	Q	M	A	T	C	Q	R	C	T	U	R
H	U	K	Ó	I	G	N	Ộ	Đ	T	Ạ	O	H	I	B	M
Q	Ố	R	N	I	K	Ế	V	L	Ú	U	R	I	Ệ	M	C
C	T	U	Q	D	B	H	T	K	R	L	T	Ề	M	H	N
Ố	H	K	G	Q	R	T	U	R	I	I	H	U	T	U	P
U	C	Ấ	G	Ị	O	Ư	Y	Ẩ	V	Q	Ư	C	H	R	T
H	Í	B	N	R	G	T	L	V	N	Y	G	A	U	H	H
T	H	C	Ơ	T	I	P	P	L	D	A	I	O	Ố	H	G
T	T	K	Ư	U	H	G	Ắ	G	O	D	Ã	H	C	M	Q
I	H	R	X	Ề	U	Ư	B	H	B	H	N	D	I	I	R
P	C	Y	Y	I	R	G	Ơ	T	H	Ó	I	Q	U	E	N
H	Í	U	Ã	Đ	H	U	C	N	B	Á	C	S	Ĩ	U	V
Ả	K	Q	G	Y	O	R	M	R	G	T	C	H	V	P	A
N	G	M	A	T	R	Ị	L	I	Ệ	U	D	D	C	H	Y
X	C	H	K	Q	D	Â	Y	T	H	Ầ	N	K	I	N	H
Ạ	R	C	O	A	Y	Y	N	B	K	T	H	I	Y	O	H

HOẠT ĐỘNG
TIỆM THUỐC
VI KHUẨN
ĐIỀU TRỊ
GÃY XƯƠNG
BÁC SĨ
THÓI QUEN
ĐÓI
CHIỀU CAO
KÍCH THÍCH TỐ
TƯ THẾ
DA
CHẤN THƯƠNG
THUỐC
THƯ GIÃN
PHẢN XẠ
CƠ BẮP
TRỊ LIỆU
VI RÚT
DÂY THẦN KINH

13 - Camping

A	Q	P	L	Đ	O	P	A	P	M	C	B	D	M	C	T
C	O	G	U	R	È	Y	M	H	T	A	I	Q	T	Â	H
L	A	B	À	N	L	N	G	B	R	B	N	N	K	U	I
H	O	U	L	U	Ử	C	L	P	G	I	C	L	S	C	Ê
G	N	Ừ	R	P	A	T	V	Ồ	H	N	G	L	Ă	H	N
N	Ú	I	X	U	Ồ	N	G	Đ	N	C	V	Ề	N	U	N
Ù	Ũ	M	Ặ	T	T	R	Ă	N	G	G	Â	U	B	Y	H
R	G	P	G	Ậ	C	D	Q	Ả	I	D	B	Y	Ắ	Ệ	I
T	D	M	H	V	V	B	I	B	M	I	L	L	N	N	Ê
N	P	B	L	G	D	Õ	D	Â	Y	T	H	Ừ	N	G	N
Ô	V	U	Y	N	L	N	N	L	B	N	H	A	B	U	Q
C	A	N	P	Ộ	I	U	V	G	C	P	Y	N	C	T	D
Q	G	N	I	Đ	D	U	Y	K	C	B	R	O	A	A	O
K	D	K	M	N	K	U	C	D	N	C	T	R	Y	L	M
L	K	R	L	K	Q	U	O	N	V	K	K	I	K	R	B
D	N	M	T	B	Y	Q	C	R	Y	I	C	I	R	U	U

NÚI
CÂY
RỪNG
LỬA
CABIN
ĐỘNG VẬT
VÕNG
MŨ
CÔN TRÙNG
SĂN BẮN
BẢN ĐỒ
XUỒNG
LA BÀN
ĐÈN LỒNG
MẶT TRĂNG
HỒ
THIÊN NHIÊN
LỀU
DÂY THỪNG
CÂU CHUYỆN

14 - Algebra

Đ	V	I	C	V	H	B	Ừ	R	T	P	É	H	P	L	S
K	Ơ	Ô	N	L	K	P	H	K	U	O	M	M	Y	Ồ	Ố
N	R	N	H	P	B	O	L	V	Y	B	G	H	G	Đ	L
V	H	Ậ	G	Ạ	V	G	T	R	Ế	O	U	L	C	Ơ	Ư
P	G	R	B	I	N	I	A	G	N	Ô	H	K	Ố	S	Ợ
I	I	T	T	R	Ả	N	Q	Q	T	B	O	B	P	P	N
P	R	A	L	Q	M	N	I	L	Í	C	U	V	H	P	G
L	Ũ	M	Y	O	H	A	H	L	N	L	G	M	Ư	T	N
C	C	G	N	U	P	A	G	Ó	H	V	I	C	Ơ	C	K
G	I	Ả	I	Q	U	Y	Ế	T	A	K	Ả	Ô	N	G	U
B	P	B	Ố	T	V	Ấ	N	Đ	Ề	C	I	N	G	Q	R
B	I	Ế	N	S	A	I	V	I	P	Ặ	P	G	T	N	U
D	G	M	N	N	N	M	O	B	V	O	H	T	R	B	U
O	I	A	D	V	P	Â	T	Ổ	N	G	Á	H	Ì	H	Y
C	M	T	L	U	M	Q	H	Q	L	N	P	Ứ	N	Y	U
D	I	T	L	R	C	U	V	P	O	C	G	C	H	A	Y

PHÉP TRỪ
SƠ ĐỒ
MŨ
TỐ
CÔNG THỨC
PHÂN SỐ
NGOẶC
SỐ LƯỢNG
TUYẾN TÍNH
MA TRẬN
SỐ KHÔNG
VÔ HẠN
GIẢI QUYẾT
GIẢI PHÁP
VẤN ĐỀ
TỔNG
SAI
BIẾN
ĐƠN GIẢN HÓA
PHƯƠNG TRÌNH

15 - Activiteiten

C	O	C	Q	I	A	V	O	Y	Y	N	Ố	Đ	U	Â	C
B	Ắ	U	H	T	M	A	H	K	K	H	G	T	G	K	Â
Ứ	Đ	M	A	A	R	M	Y	C	M	I	I	R	N	P	U
C	Ồ	T	T	Ậ	U	H	T	A	M	Ế	Ả	Ò	I	B	C
T	T	P	Ậ	R	M	A	Y	P	I	P	I	C	D	M	Á
R	H	U	U	C	Ạ	R	Q	H	K	Ả	T	H	D	P	R
A	Ủ	K	H	K	P	I	G	T	A	N	R	Ơ	R	K	Y
N	C	K	T	B	Y	H	T	I	R	H	Í	I	N	D	K
H	Ô	P	Ệ	T	H	Ư	G	I	Ã	N	Ắ	B	N	Ă	S
N	N	C	H	H	L	À	M	V	Ư	Ờ	N	P	H	B	Q
N	G	P	G	K	À	K	Đ	A	C	V	I	K	D	P	C
V	Q	V	N	Ỹ	M	I	M	Ọ	Q	Q	O	R	K	T	Y
U	A	B	G	N	H	G	L	G	C	V	P	U	N	V	K
Q	O	N	O	Ă	K	U	R	Ò	V	T	V	Đ	A	N	D
P	U	P	C	N	Y	Y	C	G	N	Ộ	Đ	T	Ạ	O	H
I	O	Q	Q	G	Q	U	M	I	C	G	U	C	I	H	A

HOẠT ĐỘNG
ĐỒ THỦ CÔNG
ĐAN
NHIẾP ẢNH
TRÒ CHƠI
CÂU CÁ
SĂN BẮN
CẮM TRẠI
NGHỆ THUẬT
ĐỌC
MA THUẬT
MAY
THƯ GIÃN
HÀI LÒNG
CÂU ĐỐ
BỨC TRANH
LÀM VƯỜN
KỸ NĂNG
GIẢI TRÍ

16 - Vormen

H	K	Q	K	O	R	H	T	H	Ụ	U	C	Q	M	Q	C
G	O	T	G	D	C	Y	N	T	R	T	R	B	I	T	Ạ
N	Ó	H	À	N	G	P	Á	H	T	Ự	T	M	I	K	N
U	N	C	M	Ó	Y	E	D	R	H	D	Y	G	T	P	H
C	R	T	L	N	Ò	R	T	G	N	Ò	V	C	Ầ	U	Đ
T	L	G	M	Ê	N	B	Ậ	N	Ì	A	N	M	G	B	Ư
K	A	I	Q	B	C	O	H	N	H	Q	T	L	A	K	Ờ
R	P	M	O	G	C	L	N	E	L	L	I	P	S	E	N
N	K	O	G	T	P	A	Ữ	G	B	T	O	V	Y	D	G
Q	N	P	G	I	D	Q	H	V	R	M	R	K	Đ	D	C
C	Q	G	V	V	Á	G	C	A	N	T	P	H	A	C	O
T	G	R	K	A	C	C	H	P	L	C	G	N	G	I	N
Y	C	V	Y	K	P	Q	N	D	V	H	M	A	I	P	G
Q	T	K	P	A	B	L	Ì	O	Ò	T	U	T	Á	K	V
T	V	H	K	A	I	H	H	A	N	D	L	M	C	L	P
B	G	Y	C	C	A	R	K	K	G	N	Ă	L	L	A	H

CẦU
CUNG
HÌNH TRỤ
VÒNG TRÒN
ĐƯỜNG CONG
TAM GIÁC
GÓC
HYPERBOLA
BÊN
NÓN
HÀNG
ELLIPSE
KIM TỰ THÁP
LĂNG
CẠNH
HÌNH CHỮ NHẬT
VÒNG
ĐA GIÁC

17 - Diplomatie

L	C	C	Á	T	P	Ợ	H	B	R	P	I	A	B	N	Đ
O	H	P	H	N	I	N	N	A	R	I	V	H	R	R	Ạ
M	V	N	V	Í	I	Y	G	T	B	R	Đ	A	B	L	I
N	Ấ	V	Ố	C	N	V	R	A	D	M	Ạ	I	C	A	S
Đ	G	Y	Y	O	L	H	P	Á	H	P	I	Ả	I	G	Ứ
S	Ạ	H	M	Q	R	N	P	B	D	U	S	I	U	T	Q
Ự	U	O	Ị	T	N	O	A	H	A	N	Ứ	D	B	H	U
C	I	A	Đ	Q	P	I	I	I	Ủ	K	U	L	Ữ	Ả	Á
Ô	G	I	U	Ứ	U	C	Ộ	N	G	Đ	Ồ	N	G	O	N
N	O	G	U	I	C	Y	L	O	Y	T	Q	Â	N	L	T
G	A	I	Q	H	V	C	Ế	C	O	O	G	D	N	U	O
B	O	Ạ	Đ	N	Â	H	N	T	V	B	U	G	Ô	Ậ	À
Ằ	L	O	O	O	X	U	N	G	Đ	Ộ	T	N	G	N	N
N	N	G	H	I	Ệ	P	Ư	Ớ	C	K	G	Ô	N	G	V
G	Y	N	C	H	Í	N	H	T	R	Ị	K	C	Y	V	Ẹ
H	U	Q	M	Q	O	K	O	T	B	A	M	A	B	A	N

CỐ VẤN
ĐẠI SỨ QUÁN
ĐẠI SỨ
CÔNG DÂN
XUNG ĐỘT
NGOẠI GIAO
THẢO LUẬN
ĐẠO ĐỨC
CỘNG ĐỒNG
SỰ CÔNG BẰNG
NHÂN ĐẠO
TOÀN VẸN
GIẢI PHÁP
CHÍNH TRỊ
CHÍNH PHỦ
NGHỊ QUYẾT
HỢP TÁC
NGÔN NGỮ
AN NINH
HIỆP ƯỚC

18 - Astronomie

N	R	T	A	C	V	D	Ạ	X	C	Ứ	B	G	D	C	T
Â	H	M	G	G	Ũ	A	I	G	H	N	À	H	I	H	P
V	I	Ậ	K	U	T	T	P	N	Ò	Z	H	S	T	I	M
H	Y	A	T	G	R	P	V	Ă	M	O	N	A	R	P	H
N	P	D	D	T	Ụ	V	H	R	S	D	Ê	O	Ọ	H	U
I	D	A	Y	O	H	Y	B	T	A	I	I	B	N	Â	V
T	U	Ử	R	P	L	Ự	K	T	O	A	H	Ă	G	N	Y
V	I	L	N	K	O	C	C	Ặ	V	C	T	N	L	Y	Y
H	À	N	H	T	I	N	H	M	S	Ệ	K	G	Ự	M	A
P	T	Ê	C	N	G	P	K	H	B	A	T	T	C	D	I
C	R	T	V	P	K	M	H	I	C	M	O	I	C	G	T
P	M	B	I	L	O	H	I	T	N	A	I	C	N	R	C
Đ	À	I	Q	U	A	N	S	Á	T	U	M	L	H	H	A
B	Ầ	U	T	R	Ờ	I	S	A	P	Q	Y	T	I	Ổ	I
I	V	K	P	U	U	A	A	O	O	R	U	A	V	H	I
H	B	H	T	G	A	I	O	T	R	Á	I	Đ	Ấ	T	O

TRÁI ĐẤT
PHI HÀNH GIA
ZODIAC
PHÂN
BẦU TRỜI
SAO CHỔI
VŨ TRỤ
MẶT TRĂNG
SAO BĂNG
TINH VÂN
ĐÀI QUAN SÁT
HÀNH TINH
TÊN LỬA
VỆ TINH
SAO
CHÒM SAO
THIÊN HÀ
BỨC XẠ
NHẬT THỰC
TRỌNG LỰC

19 - Emoties

C	N	P	Q	R	N	N	H	T	K	B	Q	N	S	P	Y
U	H	B	T	R	I	Â	N	Ò	H	D	I	C	S	A	Ê
C	H	Á	Ộ	K	K	L	M	K	A	À	Ợ	S	I	Ỗ	N
Y	L	L	N	Ồ	U	B	I	Ỗ	N	B	I	K	L	P	B
T	H	Y	N	N	R	N	T	N	T	V	Ì	L	B	Q	Ì
Y	B	R	Ẫ	K	Ả	M	H	T	Ố	T	G	N	Ò	L	N
X	Ấ	U	H	Ổ	A	N	Ư	U	D	B	D	K	H	N	H
I	Y	Ê	P	L	Y	A	G	N	U	D	I	Ộ	N	B	G
N	V	Y	Ự	Y	G	U	I	K	H	L	Ặ	N	G	A	N
P	N	Q	S	N	U	V	Ã	C	L	P	R	M	O	Q	À
C	K	Y	N	Q	P	Q	N	I	N	R	Q	U	I	Q	D
U	L	B	M	N	R	L	K	L	V	V	T	N	G	D	U
O	G	V	B	B	P	O	H	O	V	L	O	R	L	D	Ị
N	I	Ề	M	V	U	I	C	Ả	M	T	H	Ô	N	G	D
Q	V	O	L	D	H	T	H	T	B	M	A	P	M	V	A
B	Ị	K	Í	C	H	T	H	Í	C	H	L	D	L	O	T

NỖI SỢ
XẤU HỔ
TRI ÂN
NỖI BUỒN
BLISS
NỘI DUNG
LẶNG
YÊU
THƯ GIÃN
BỊ KÍCH THÍCH
YÊN BÌNH
CẢM THÔNG
DỊU DÀNG
HÀI LÒNG
CHÁN NẢN
HÒA BÌNH
NIỀM VUI
LÒNG TỐT
SỰ PHẪN NỘ

20 - Vakantie #2

K	R	I	H	O	B	Ả	N	H	H	P	O	M	A	T	T
T	U	M	À	I	Q	Ã	G	I	Ả	I	T	R	Í	H	D
U	Ồ	Đ	N	Ả	B	N	I	I	B	Ú	N	O	N	Ị	T
H	P	I	H	Đ	Ả	O	A	B	O	N	Ể	I	B	T	A
I	Ạ	R	T	M	Ắ	C	C	P	I	V	Y	N	H	H	B
U	R	O	R	S	Â	N	B	A	Y	Ể	T	Y	K	Ự	N
T	Ế	D	Ì	T	K	Y	M	B	R	H	N	B	O	C	R
I	N	I	N	C	H	T	R	G	A	C	H	A	C	Q	I
G	Y	H	H	T	T	C	A	B	Y	Ử	L	Ề	U	Đ	K
X	E	T	Ắ	C	X	I	N	G	À	Y	L	Ễ	O	I	H
R	Y	M	U	K	Ộ	M	I	G	N	U	K	E	D	Ể	Á
P	I	R	Y	B	B	H	N	N	C	I	N	O	X	M	C
V	Ậ	N	C	H	U	Y	Ể	N	L	R	B	G	Y	Đ	H
R	C	L	K	T	P	T	A	P	D	Q	U	U	T	Ế	S
R	Q	K	O	U	D	C	Ố	U	Q	I	Ạ	O	G	N	Ạ
G	U	O	U	D	A	Q	B	C	P	O	L	G	M	D	N

NÚI
ĐIỂM ĐẾN
NGOẠI QUỐC
ĐẢO
ẢNH
KHÁCH SẠN
BẢN ĐỒ
CẮM TRẠI
SÂN BAY
HỘ CHIẾU
HÀNH TRÌNH
BÃI BIỂN
XE TẮC XI
LỀU
XE LỬA
NGÀY LỄ
VẬN CHUYỂN
THỊ THỰC
GIẢI TRÍ
BIỂN

21 - Weersomstandigheden

L	P	L	A	U	Y	O	I	D	L	T	C	P	V	N	B
R	Ố	D	M	Q	N	G	U	Y	R	I	R	T	M	U	Ầ
G	Q	C	L	N	C	V	I	K	H	Í	H	Ậ	U	G	U
H	K	Ự	X	G	S	V	Ớ	A	Q	B	N	Y	R	D	T
V	U	C	I	O	B	É	Đ	A	Q	P	H	P	Y	G	R
R	Y	Â	M	M	Á	Đ	T	Ụ	L	Ũ	L	N	A	D	Ờ
G	I	Ó	M	Ù	A	Y	Ệ	N	H	I	Ệ	T	Đ	Ộ	I
C	Ẩ	M	Ư	Ớ	T	Y	I	K	L	K	T	U	P	H	K
Q	Ầ	Q	M	C	O	M	H	N	Ư	Ớ	C	Đ	Á	Ạ	H
R	G	U	A	O	Ã	B	N	Ơ	C	D	K	H	T	N	Ô
V	K	A	V	G	I	Ó	O	U	T	L	M	T	O	H	N
G	D	M	D	Ồ	O	O	A	O	O	G	K	É	Ã	Á	G
R	C	G	L	V	N	O	I	D	V	K	D	S	B	N	K
O	N	D	M	V	C	G	S	Ư	Ơ	N	G	M	Ù	Y	H
P	Y	U	P	D	M	G	V	V	N	H	K	Ấ	C	N	Í
U	G	O	B	R	P	N	Q	T	R	H	P	S	I	B	T

KHÔNG KHÍ
SÉT
SẤM SÉT
HẠN HÁN
BẦU TRỜI
NƯỚC ĐÁ
KHÍ HẬU
SƯƠNG MÙ
GIÓ MÙA
CƠN BÃO
LŨ LỤT
CỰC
CẦU VỒNG
BÃO TÁP
NHIỆT ĐỘ
LỐC XOÁY
NHIỆT ĐỚI
ẨM ƯỚT
GIÓ
ĐÁM MÂY

22 - Strand

K	H	V	L	H	N	T	I	D	G	M	N	M	H	I	O
Đ	Ỳ	C	U	O	Q	V	P	C	T	Q	B	A	P	É	D
Ạ	K	N	L	A	G	C	G	H	R	C	K	L	L	O	O
I	U	H	G	C	A	N	I	C	U	K	I	R	Q	Y	C
D	L	U	Ă	H	T	H	U	Y	Ề	N	B	U	Ồ	M	K
Ư	O	U	I	N	Ỉ	Đ	T	H	U	Y	Ề	N	B	D	I
Ơ	L	C	R	I	V	Ầ	K	Y	O	T	Q	D	Ờ	Q	I
N	I	V	K	U	B	M	D	L	A	P	I	N	B	R	Ạ
G	C	P	M	L	Đ	Ả	O	L	Q	A	P	B	I	G	L
H	D	N	P	G	L	K	N	R	U	B	R	U	Ể	C	Ả
N	H	R	A	D	Y	U	V	Ỏ	N	O	Q	T	N	D	R
N	G	I	N	N	Y	G	N	V	B	M	A	U	C	Á	T
H	B	I	Ễ	N	M	Ô	B	O	L	B	Y	M	H	K	L
U	H	I	Ờ	R	T	T	Ặ	M	À	U	X	A	N	H	O
A	L	A	B	N	B	I	K	G	B	N	R	A	U	T	M
B	I	L	U	G	D	V	A	T	R	C	G	I	N	C	D

MÀU XANH
THUYỀN
DOCK
ĐẢO
KHĂN
CUA
BỜ BIỂN
ĐẦM
ĐẠI DƯƠNG
TRẢ LẠI
DÉP
VỎ
KỲ NGHỈ
CÁT
BIỂN
THUYỀN BUỒM
MẶT TRỜI

23 - Eten #2

D	O	V	Y	M	G	L	I	L	R	K	L	P	M	C	H
U	U	G	Đ	I	I	Y	C	T	B	H	D	H	K	O	L
L	P	O	À	M	Ă	G	R	V	B	D	Q	C	N	Y	V
O	T	G	O	G	M	M	R	R	O	O	Ứ	I	G	I	V
V	R	U	N	M	B	N	R	H	D	L	V	A	U	T	P
R	P	V	Y	C	Ô	Q	L	O	V	D	K	L	O	L	V
T	R	Ứ	N	G	N	V	R	A	P	V	A	G	T	D	Q
H	A	B	U	V	G	M	K	L	B	G	U	H	G	I	U
Q	U	Á	C	H	U	Ố	I	W	I	K	Ả	U	Q	O	I
Y	H	N	A	X	I	Ả	C	G	N	Ô	B	P	K	Ạ	D
A	C	H	L	L	O	B	I	À	T	G	A	H	L	G	K
O	A	M	C	À	C	H	U	A	T	N	B	Ô	A	Q	À
C	Ữ	Ì	M	A	Ú	L	I	O	D	Í	T	M	T	A	I
U	S	V	O	M	T	T	Á	O	P	A	M	A	R	B	C
H	Ạ	N	H	N	H	Â	N	I	M	T	C	I	Y	A	T
N	M	Ă	N	G	T	Â	Y	G	A	O	B	I	P	K	L

HẠNH NHÂN
DỨA
TÁO
MĂNG TÂY
CÀ TÍM
CHUỐI
BÔNG CẢI XANH
BÁNH MÌ
NHO
TRỨNG

GIĂM BÔNG
PHÔ MAI
GÀ
QUẢ KIWI
ĐÀO
GẠO
LÚA MÌ
CÀ CHUA
CÁ
SỮA CHUA

24 - Geologie

K	Ể	C	H	Q	N	H	L	K	R	G	Y	Q	V	H	H
L	H	H	A	A	Ị	Đ	C	Ụ	L	H	Y	C	D	Ó	R
M	T	O	I	L	N	Ê	Y	U	G	N	O	A	C	A	I
L	H	L	Á	B	C	G	N	Ù	V	B	U	H	Q	T	V
R	N	D	Đ	N	Q	I	Đ	X	Ó	I	M	Ò	N	H	T
T	I	Ố	U	M	G	U	U	Ộ	C	R	P	R	D	Ạ	Q
H	T	I	H	G	I	S	Y	M	N	V	N	A	U	C	N
Ạ	Ấ	A	X	I	T	C	Ả	A	R	G	Q	R	N	H	D
C	Đ	O	Y	Á	Đ	Ũ	H	N	M	K	C	Y	G	Q	M
H	G	C	C	U	A	H	C	L	U	K	Ô	H	N	A	S
A	N	B	K	I	M	I	G	Ớ	Y	R	N	N	H	H	U
N	Ộ	Y	R	D	N	G	N	P	R	R	G	O	A	V	Q
H	Đ	Y	U	I	H	O	Ó	D	Y	Y	A	T	M	C	L
U	C	Y	L	Q	P	L	N	D	T	I	B	H	V	V	T
O	T	I	D	K	Y	D	V	P	Y	I	A	V	G	C	G
N	Ú	I	L	Ử	A	I	V	B	N	P	C	D	R	R	R

ĐỘNG ĐẤT
CALCIUM
LỤC ĐỊA
XÓI MÒN
HÓA THẠCH
NÓNG CHẢY
HANG ĐỘNG
SAN HÔ
TINH THỂ
THẠCH ANH
LỚP
DUNG NHAM
KHOÁNG SẢN
CAO NGUYÊN
NHŨ ĐÁ
ĐÁ
NÚI LỬA
VÙNG
MUỐI
AXIT

25 - Specerijen

U	Q	Y	Q	D	V	D	I	R	P	T	K	L	R	O	V
R	A	U	M	Ù	I	G	Y	T	H	Ả	O	Q	U	Ả	D
R	N	L	P	A	D	I	D	I	Ớ	D	I	O	N	I	A
U	O	U	P	V	N	G	V	C	T	Ọ	G	N	C	T	T
M	K	M	N	I	Ồ	H	Y	Â	C	L	L	M	P	V	Q
Y	O	O	G	Ố	C	P	C	Y	Ự	T	Ỏ	I	L	Q	D
Ị	Q	H	P	U	P	H	O	T	A	M	C	V	N	U	N
V	M	D	B	M	I	Q	I	H	G	G	T	D	D	C	G
G	Ừ	N	G	P	A	V	L	Ì	À	Đ	Ắ	N	G	Q	H
N	K	L	C	C	Y	A	Q	L	C	T	H	Ì	L	À	Ệ
Ơ	M	T	M	L	I	N	T	À	V	M	H	G	I	R	T
Ư	U	C	À	R	I	I	R	À	C	Ỏ	C	C	R	A	Â
H	M	Q	U	Ế	Đ	I	N	H	H	Ư	Ơ	N	G	R	Y
H	À	N	H	O	N	H	Ụ	C	Đ	Ậ	U	K	H	Ấ	U
U	G	Q	L	T	H	G	O	U	B	Q	C	C	V	O	I
U	T	C	Q	O	K	I	D	O	R	R	O	L	T	P	Q

CÂY HỒI
ĐẮNG
CỎ CÀ RI
GỪNG
QUẾ
THẢO QUẢ
CÀ RI
TỎI
CÂY THÌ LÀ
RAU MÙI
ĐINH HƯƠNG
NHỤC ĐẬU KHẤU
ỚT CỰA GÀ
NGHỆ TÂY
HƯƠNG VỊ
HÀNH
VANI
THÌ LÀ
NGỌT
MUỐI

26 - Groenten

A	K	K	H	O	A	I	T	Â	Y	Â	T	I	Ù	M	M
U	T	M	O	G	N	Ừ	G	Ộ	O	H	H	H	D	Ấ	R
H	D	I	N	R	I	U	V	G	U	I	L	Ô	Q	N	A
C	K	T	S	N	B	M	V	C	Ẹ	H	Ủ	C	C	R	M
À	G	I	U	Ô	U	I	R	D	N	N	C	T	G	B	Q
C	U	O	C	O	A	T	U	G	D	A	U	A	D	C	Q
H	K	Ô	O	U	R	R	T	B	H	X	D	B	Ư	L	C
D	U	G	N	Y	R	I	G	R	R	I	U	H	G	D	À
C	Ầ	N	T	Â	Y	I	A	O	G	Ả	H	O	U	S	T
A	V	Í	Q	C	I	U	Đ	Y	C	C	N	D	Q	A	Í
K	L	B	G	P	Ủ	R	Ậ	K	K	G	Y	L	P	L	M
M	M	Ả	M	Y	R	C	U	Q	H	N	À	H	C	A	L
B	M	U	Y	T	Ỏ	I	Ả	B	Q	Ô	G	Y	O	D	A
T	V	Q	Q	O	G	I	I	I	P	B	C	À	R	Ố	T
Y	A	R	H	M	U	C	R	N	N	K	G	H	O	U	L
L	K	I	O	A	L	Q	Y	M	L	R	C	L	D	T	P

KHOAI TÂY
ATISÔ
CÀ TÍM
BÔNG CẢI XANH
ĐẬU
GỪNG
TỎI
DƯA CHUỘT
Ô LIU
NẤM
MÙI TÂY
QUẢ BÍ NGÔ
CỦ CẢI
SALAD
CẦN TÂY
CỦ HẸ
RAU BINA
CÀ CHUA
HÀNH
CÀ RỐT

27 - Archeologie

N	Ẩ	Í	B	M	K	M	K	P	K	Đ	L	O	P	R	T
U	G	V	O	Ố	I	K	H	I	Ỷ	Ố	Đ	M	M	K	Y
D	O	Ô	D	G	I	D	Ô	T	N	I	Ộ	G	U	H	P
U	I	H	I	Ồ	A	L	N	H	G	T	I	A	M	T	H
O	Q	T	Q	Đ	D	N	G	K	U	Ư	S	O	Á	I	G
O	H	H	Í	V	Ề	L	R	D	Y	Ợ	B	H	G	M	M
U	P	N	O	C	D	N	Õ	N	Ê	N	V	O	O	Q	M
A	T	I	D	Q	H	H	L	N	N	G	N	Ơ	Ư	X	Ả
C	C	M	P	H	Â	N	T	Í	C	H	G	K	Y	M	N
Đ	Á	N	H	G	I	Á	U	H	C	Ạ	H	T	A	Ó	H
M	N	Ă	Y	L	C	T	C	H	U	Y	Ê	N	G	I	A
Ộ	Ă	V	V	Y	C	Ổ	N	U	Q	U	Ê	N	D	I	C
I	M	N	Y	C	R	A	I	Y	Y	D	R	R	M	H	V
Q	V	Ề	R	B	H	P	I	N	M	T	T	O	Q	N	D
A	C	N	R	C	L	U	D	Y	Y	K	D	V	Q	V	N
U	M	O	H	Y	B	A	A	D	V	P	C	V	T	C	D

ĐỒ GỐM
PHÂN TÍCH
NỀN VĂN MINH
XƯƠNG
CHUYÊN GIA
ĐÁNH GIÁ
HÓA THẠCH
MẢNH
MỘ
NĂM
BÍ ẨN
ĐỐI TƯỢNG
KHÔNG RÕ
CỔ
GIÁO SƯ
DI TÍCH
ĐỘI
NGÔI ĐỀN
KỶ NGUYÊN
QUÊN

28 - Dans

K	A	N	P	M	D	U	N	Y	H	I	U	Q	I	I	T
N	P	A	Ị	R	U	Y	H	P	G	G	B	O	V	Q	R
T	Ư	T	H	Ế	A	Ó	H	N	Ă	V	K	K	I	K	U
I	K	K	N	G	L	B	Y	Ọ	P	I	Q	T	T	C	Y
N	G	H	Ệ	T	H	U	Ậ	T	C	M	N	H	R	H	Ề
A	H	D	O	G	P	K	M	K	L	V	U	Q	V	O	N
U	L	Y	N	I	H	K	H	O	K	Q	I	Y	Q	R	T
Q	N	O	K	L	O	I	O	D	T	P	U	Ệ	O	E	H
C	V	G	Q	B	N	I	N	Q	O	H	P	L	N	O	Ố
Ự	Ă	B	T	G	G	Y	N	C	K	V	O	C	Â	G	N
R	N	G	L	O	T	V	H	Đ	I	H	V	Ơ	H	R	G
T	H	Ể	D	P	R	U	Ả	P	Ố	R	P	T	I	A	O
O	O	V	I	B	À	I	Y	N	B	I	H	H	A	P	O
R	Á	Q	O	Đ	O	V	M	K	Y	G	T	Ể	B	H	N
U	T	H	V	P	Ổ	Ẻ	Q	D	Q	T	I	Á	I	Y	T
C	Ả	M	X	Ú	C	C	Ạ	H	N	M	Â	G	C	V	Q

HỌC VIỆN
PHONG TRÀO
VUI VẺ
CHOREOGRAPHY
VĂN HÓA
VĂN HOÁ
CẢM XÚC
ÂN
TƯ THẾ
CỔ ĐIỂN
NGHỆ THUẬT
CƠ THỂ
ÂM NHẠC
ĐỐI TÁC
NHỊP
NHẢY
TRUYỀN THỐNG
TRỰC QUAN

29 - Ziekte

T	C	Ơ	T	H	Ể	O	O	G	I	K	N	H	O	C	L
Q	I	C	I	V	P	M	L	T	I	D	K	V	Y	H	M
M	G	M	M	I	Ễ	N	D	Ị	C	H	V	O	N	Ữ	I
D	Q	Ê	K	I	K	B	K	L	B	M	I	A	T	A	I
U	Ệ	I	L	Ị	R	T	N	R	A	Q	K	V	Y	B	A
Ế	P	V	I	M	P	D	H	D	T	D	H	Y	N	Ệ	I
Y	Q	U	C	L	I	P	Q	Y	M	X	U	H	S	N	L
Q	A	H	Ộ	I	C	H	Ứ	N	G	O	Ẩ	Ô	Ứ	H	L
V	O	N	Ề	Y	U	R	T	I	D	A	N	H	C	R	U
K	M	Í	L	T	M	U	C	L	L	N	L	Ấ	K	K	Q
R	P	T	A	T	R	T	P	P	B	G	R	P	H	O	L
Q	K	N	L	Â	Y	N	H	I	Ễ	M	N	N	Ỏ	K	K
B	G	Ã	T	Y	M	V	G	V	U	C	L	Ơ	E	Q	Q
H	Ụ	M	M	Ầ	M	B	Ệ	N	H	D	G	K	Ư	Q	Q
A	G	N	Ư	L	T	Ắ	H	T	N	B	G	K	G	X	K
A	T	G	G	N	Ứ	Ị	D	H	N	P	R	A	T	I	U

HÔ HẤP
DỊ ỨNG
VI KHUẨN
LÂY NHIỄM
XƯƠNG
BỤNG
MÃN TÍNH
DI TRUYỀN
CHỮA BỆNH
SỨC KHỎE
TIM
MIỄN DỊCH
THẮT LƯNG
CƠ THỂ
VIÊM
XOANG
HỘI CHỨNG
TRỊ LIỆU
MẦM BỆNH
YẾU

30 - Mythologie

S	V	Ă	N	H	O	Á	Y	V	Y	G	K	U	S	T	I
A	Á	G	B	H	N	Y	C	L	T	H	R	L	Ự	R	T
Y	B	N	E	H	G	B	I	T	I	R	O	N	B	U	Q
L	A	U	G	N	Ù	H	H	N	A	Ữ	N	T	Ấ	Y	O
Y	T	C	N	T	Ậ	V	I	Á	U	Q	H	H	T	Ề	M
A	H	Ê	Ờ	É	Ạ	H	H	T	M	T	N	Ả	T	N	N
D	K	M	Ư	S	O	O	À	P	G	V	I	M	Ử	T	D
H	K	Ấ	Đ	V	H	G	T	N	Ù	G	B	H	N	H	A
A	O	S	N	S	K	C	P	O	H	G	N	Ọ	T	U	Q
N	M	M	Ê	H	Ứ	M	U	D	T	V	Ế	A	C	Y	D
U	Y	Y	I	H	U	C	T	I	Ả	R	I	Y	Ó	Ế	N
N	H	B	H	H	O	V	M	G	R	G	H	H	C	T	P
P	M	B	T	C	Q	Y	O	Ạ	T	C	C	I	H	H	T
A	N	H	H	Ù	N	G	H	G	N	I	V	C	Ế	G	D
C	S	I	N	H	V	Ậ	T	Q	H	H	P	Y	T	Y	H
N	G	U	Y	Ê	N	M	Ẫ	U	O	C	T	G	B	D	T

NGUYÊN MẪU
SÉT
SÁNG TẠO
VĂN HOÁ
SẤM
MÊ CUNG
HÀNH VI
ANH HÙNG
NỮ ANH HÙNG
THIÊN ĐƯỜNG
GHEN
SỨC MẠNH
CHIẾN BINH
TRUYỀN THUYẾT
QUÁI VẬT
SỰ BẤT TỬ
THẢM HỌA
CÓ CHẾT
SINH VẬT
TRẢ THÙ

31 - Eten #1

I	M	U	H	M	V	C	Q	C	S	A	L	A	D	O	Đ
S	Ữ	A	K	H	L	K	Q	G	À	L	D	R	R	D	Ậ
A	V	D	M	B	N	V	T	R	O	R	O	Y	A	I	U
P	I	K	M	C	Y	C	U	I	M	P	Ố	Q	D	B	P
M	Q	I	N	H	O	A	A	U	G	C	N	T	Q	T	H
V	Q	R	O	P	H	Ê	T	A	N	R	T	I	K	G	Ụ
N	C	H	A	N	H	L	R	I	B	P	É	C	Ớ	Ư	N
R	T	P	D	I	L	Ú	Y	P	B	V	O	P	G	O	G
O	Ị	T	Ỏ	I	Y	A	T	Q	I	R	Q	A	T	D	N
V	H	N	À	H	Ơ	M	Ả	U	Q	A	U	A	H	H	Ờ
S	T	Ú	U	V	U	Ạ	C	V	T	U	A	U	D	T	Ư
R	Ú	T	N	C	K	C	Á	G	T	B	R	H	Y	Y	Đ
M	O	P	K	G	M	H	N	C	B	I	Ố	U	M	I	L
V	L	G	G	V	Q	L	G	P	C	N	O	O	I	D	I
D	Â	U	T	Â	Y	U	Ừ	K	C	A	A	B	A	N	K
V	Q	M	U	V	Y	L	Ế	U	Q	Q	H	G	G	P	B

DÂU TÂY
QUẢ MƠ
HÚNG QUẾ
CHANH
LÚA MẠCH
QUẾ
TỎI
SỮA
LÊ
ĐẬU PHỤNG

SALAD
NƯỚC ÉP
SÚP
RAU BINA
ĐƯỜNG
CÁ NGỪ
HÀNH
THỊT
CÀ RỐT
MUỐI

32 - Restaurant #2

T	R	B	T	K	O	T	Y	P	R	B	C	P	R	Q	N
B	B	Q	U	M	K	Y	R	P	A	Á	Á	H	U	G	M
Ữ	D	M	Ì	M	U	I	D	Ứ	M	N	I	Ụ	D	Đ	D
A	B	Y	L	Y	M	D	D	N	N	H	T	C	R	Ồ	L
T	Y	Y	N	Â	Q	R	P	Ế	H	G	H	V	Q	U	H
R	V	H	H	C	U	Q	P	T	A	P	Ì	Ụ	O	Ố	Y
Ư	D	Y	G	I	A	V	Ị	V	B	N	A	N	U	N	V
A	V	C	G	Á	R	H	V	A	V	Ă	C	A	K	G	N
P	L	O	M	R	C	Ớ	Ư	N	O	G	N	M	R	K	V
I	T	C	B	T	Á	C	S	A	P	A	P	G	S	Ú	P
I	L	A	I	K	I	H	D	A	M	U	M	O	V	Q	R
A	I	B	I	B	N	G	N	A	L	B	U	C	M	N	O
C	P	D	I	I	Ĩ	N	T	T	D	A	P	H	T	T	C
K	Q	C	P	V	A	O	C	A	H	R	D	T	U	B	V
Y	B	Ữ	A	T	Ố	I	Ố	U	M	C	T	T	P	B	H
L	V	L	N	A	G	L	L	P	R	V	T	P	M	D	G

BÁNH
BỮA TỐI
ĐỒ UỐNG
TRỨNG
TRÁI CÂY
RAU
NGON
BĂNG
CÁI THÌA
BỮA TRƯA

MÌ
PHỤC VỤ NAM
SALAD
SÚP
GIA VỊ
GHẾ
CÁ
CÁI NĨA
NƯỚC
MUỐI

33 - De Media

K	I	N	H	P	H	Í	G	N	A	C	Đ	L	Q	T	T
M	M	N	Â	T	R	Í	T	U	Ệ	R	Ị	I	U	R	Ạ
U	O	O	K	H	C	O	K	Y	I	Q	A	M	Ả	Ự	P
Y	H	C	Ạ	L	N	Ê	I	L	V	N	P	C	N	C	C
R	N	C	A	I	U	Á	B	A	B	T	H	C	G	T	H
T	H	Ụ	B	C	H	O	C	T	K	M	Ư	I	C	U	Í
B	B	D	T	H	Á	I	Đ	Ộ	U	A	Ơ	Đ	Á	Y	K
P	D	O	Á	B	Ý	K	I	Ế	N	R	N	À	O	Ế	L
R	H	Á	C	N	N	O	R	Y	N	M	G	I	Y	N	Y
S	P	I	Ạ	M	G	N	Ơ	Ư	H	T	C	R	M	Q	Y
M	Ự	G	Ê	K	Ỹ	T	H	U	Ậ	T	S	Ố	I	G	N
Ạ	Q	T	G	N	C	Ô	N	G	C	Ộ	N	G	A	K	C
N	D	U	H	B	B	C	Ô	N	G	N	G	H	I	Ệ	P
G	V	H	Q	Ậ	D	Ả	C	T	C	P	T	Y	Y	M	M
P	D	N	V	I	T	N	N	M	R	U	P	H	K	N	B
T	I	L	Y	M	A	G	U	C	Q	T	U	T	O	I	P

QUẢNG CÁO
THƯƠNG MẠI
LIÊN LẠC
KỸ THUẬT SỐ
PHIÊN BẢN
SỰ THẬT
KINH PHÍ
THÁI ĐỘ
CÁ NHÂN
CÔNG NGHIỆP
TRÍ TUỆ
BÁO
ĐỊA PHƯƠNG
Ý KIẾN
MẠNG
GIÁO DỤC
TRỰC TUYẾN
CÔNG CỘNG
ĐÀI
TẠP CHÍ

34 - Bijen

O	M	B	L	K	H	U	M	K	U	Đ	O	O	A	K	A
T	H	Ụ	P	H	Ấ	N	R	B	U	C	A	D	Y	R	P
C	M	C	B	O	Y	C	T	T	N	G	R	D	I	P	B
M	H	H	O	A	O	H	N	Ấ	H	P	T	B	Ạ	R	U
T	Ặ	P	B	Q	N	L	P	T	Q	L	B	R	B	N	K
C	R	T	M	G	I	Á	H	T	H	N	I	S	Ệ	H	G
Â	C	I	T	R	G	I	Y	R	P	Ă	Ó	U	O	M	N
Y	U	G	Q	R	K	T	O	Á	U	C	H	A	B	I	À
C	Á	N	H	V	Ờ	E	V	I	H	Ứ	K	C	K	I	O
O	N	O	T	K	I	I	P	C	B	H	Q	I	R	A	H
A	G	T	Q	M	B	Y	P	Â	I	T	T	C	C	T	Ữ
K	U	Ậ	V	A	P	D	Q	Y	D	Q	A	Q	M	H	N
C	I	M	R	B	M	S	C	Ô	N	T	R	Ù	N	G	M
T	V	B	M	A	V	I	Á	H	K	D	P	R	N	D	O
L	Q	A	H	A	I	Ạ	L	P	Ọ	H	G	I	L	P	Q
C	Ó	L	Ợ	I	C	V	M	V	Ư	Ờ	N	R	K	I	B

THỤ PHẤN
HIVE
HOA
ĐA DẠNG
HỆ SINH THÁI
TRÁI CÂY
MẬT ONG
CÔN TRÙNG
NỮ HOÀNG
CÂY

KHÓI
PHẤN HOA
VƯỜN
CÁNH
THỨC ĂN
CÓ LỢI
SÁP
MẶT TRỜI
HỌP LẠI

35 - Wandelen

I	V	C	B	V	N	M	Y	L	M	C	R	N	G	Y	N
H	O	A	N	G	D	Ã	Ệ	N	V	T	H	Ê	L	N	U
M	O	I	A	H	C	U	T	T	Ế	I	T	I	Ờ	H	T
V	Ố	O	B	T	G	V	Q	Ậ	A	Ờ	T	V	Đ	I	S
B	K	I	Q	Ả	V	B	R	V	P	R	H	G	Á	K	Ự
D	B	Ạ	N	T	N	M	D	G	L	T	I	N	U	P	Đ
G	V	R	M	G	R	Đ	T	N	I	T	Ê	Ô	B	M	Ị
N	L	T	D	N	U	H	Ồ	Ộ	G	Ặ	N	C	T	N	N
Ư	L	M	Y	Ặ	R	Y	B	Đ	Y	M	N	V	O	H	H
Ớ	K	Ắ	N	N	G	Q	H	O	C	T	H	G	M	Q	H
C	K	C	V	G	Q	Q	V	I	I	M	I	Ỗ	U	M	Ư
G	A	V	Á	Q	Y	M	V	M	Ể	V	Ê	O	N	Y	Ớ
H	B	Y	C	A	G	T	N	T	N	M	N	R	R	N	N
R	I	O	H	B	G	I	À	Y	Ố	N	G	Y	N	L	G
N	Ú	I	Đ	M	Y	M	C	H	U	Ẩ	N	B	Ị	B	A
K	H	U	Á	A	K	H	Í	H	Ậ	U	V	V	K	G	Q

NÚI
ĐỘNG VẬT
MỐI NGUY HIỂM
BẢN ĐỒ
CẮM TRẠI
VÁCH ĐÁ
KHÍ HẬU
GIÀY ỐNG
MỆT
MUỖI
THIÊN NHIÊN
SỰ ĐỊNH HƯỚNG
CÔNG VIÊN
ĐÁ
CHUẨN BỊ
NƯỚC
THỜI TIẾT
HOANG DÃ
MẶT TRỜI
NẮNG

36 - Biologie

B	Ò	S	Á	T	N	V	U	Ấ	H	T	M	Ẩ	H	T	M
R	O	Q	Y	Q	Ê	H	I	A	U	O	H	K	M	Ế	Q
V	I	P	Y	Y	I	N	I	K	H	C	R	P	K	B	M
I	R	A	L	P	H	I	Ô	Ễ	H	M	I	M	Y	À	R
H	K	M	P	K	N	S	H	U	M	U	U	O	O	O	L
C	L	I	K	M	Ự	G	P	D	L	S	Ẩ	V	C	N	K
U	A	G	K	O	T	N	Q	Q	L	N	Ắ	N	G	T	E
I	O	O	O	M	K	Ộ	G	U	M	R	R	C	Q	P	L
V	P	Y	Y	O	H	C	E	N	Z	Y	M	E	T	Ợ	H
T	H	Ầ	N	K	I	N	H	Ế	T	P	M	G	O	H	Q
H	Ô	H	Ấ	P	R	V	D	I	I	R	Ầ	Q	C	G	Ể
C	O	L	L	A	G	E	N	B	Ế	O	M	P	U	N	P
M	A	U	A	V	M	R	H	T	N	T	B	C	R	A	H
Q	O	T	P	V	P	G	O	Ộ	H	E	Ệ	H	V	U	N
L	O	À	I	N	P	R	O	Đ	Ó	I	N	B	K	Q	U
K	Q	L	D	U	O	T	T	A	A	N	H	G	U	U	H

HÔ HẤP
VI KHUẨN
TẾ BÀO
NHIỄM SẮC THỂ
COLLAGEN
PROTEIN
PHÔI
ENZYME
TIẾN HÓA
QUANG HỢP
HORMONE
ĐỘT BIẾN
TỰ NHIÊN
THẨM THẤU
MẦM BỆNH
BÒ SÁT
LOÀI
CỘNG SINH
THẦN KINH

37 - Landen #1

A	C	B	Q	P	R	U	O	S	V	I	B	C	B	Y	K
K	T	D	N	B	Y	N	B	E	N	A	S	H	L	K	K
O	T	P	I	T	T	L	T	N	V	G	P	R	B	D	P
B	R	A	Z	I	L	Đ	O	E	P	L	C	M	A	G	B
N	T	O	I	M	C	Ứ	D	G	G	I	A	A	H	E	O
O	Â	P	Y	G	H	C	P	A	H	B	I	I	O	H	L
Ý	Y	I	A	A	I	V	D	L	P	Y	N	H	C	R	K
U	B	C	H	N	L	C	L	M	U	A	A	C	C	Ậ	L
R	A	D	M	C	E	Q	N	B	K	B	M	U	O	Y	P
T	N	U	H	D	A	M	A	N	A	P	O	P	R	M	V
A	N	D	P	V	H	N	L	I	D	K	R	M	O	A	B
A	H	U	Y	H	D	O	A	B	I	D	C	A	M	G	Ỉ
P	A	O	B	H	D	I	B	D	M	T	B	C	V	M	M
D	N	B	N	R	R	R	H	M	A	O	Y	P	Q	U	R
D	I	Y	P	Y	U	A	N	I	C	A	R	A	G	U	A
L	A	T	V	I	A	Q	I	O	C	I	O	D	D	H	P

BỈ
BRAZIL
CAMPUCHIA
CANADA
CHILE
ĐỨC
AI CẬP
IRAQ
ISRAEL
LATVIA
LIBYA
MOROCCO
NICARAGUA
NA UY
PANAMA
BA LAN
ROMANIA
SENEGAL
TÂY BAN NHA

38 - Installaties

C	V	R	X	Ư	Ơ	N	G	R	Ồ	N	G	A	U	A	H
Ố	Ư	K	Ừ	O	K	P	B	P	K	M	D	Q	N	V	O
G	Ờ	V	P	N	H	H	Ụ	Q	F	U	T	Q	H	A	A
N	N	V	Y	B	G	Â	I	D	L	U	Q	Q	M	K	Q
Ồ	M	Ọ	H	C	G	N	C	R	O	H	K	A	V	R	H
U	T	Ỏ	M	D	Ố	B	Â	A	R	L	Ớ	N	L	Ê	N
G	Y	C	T	Ả	C	Ó	Y	N	A	D	L	R	V	H	G
N	A	Ọ	Â	Q	U	N	Q	P	T	H	Ự	C	V	Ậ	T
D	M	H	Y	Y	Y	Q	K	H	G	H	P	U	M	I	Q
K	B	T	U	V	U	Q	B	A	T	A	V	M	N	M	Y
P	R	Ậ	T	I	Y	O	G	C	I	T	B	K	L	K	U
T	Ê	V	R	K	D	O	V	P	C	L	Y	Y	K	B	A
G	U	C	E	T	D	Q	B	V	H	Ạ	T	Đ	Ậ	U	B
N	L	Ự	O	R	O	D	M	H	H	P	D	N	P	O	I
V	Á	H	C	M	D	H	I	Y	L	H	Q	I	R	R	O
C	R	T	D	A	H	A	M	H	T	L	M	G	A	C	A

TRE
QUẢ MỌNG
HOA
CÂY
HẠT ĐẬU
RỪNG
XƯƠNG RỒNG
FLORA
LÁ
CỎ
LỚN LÊN
IVY
PHÂN BÓN
RÊU
THỰC VẬT HỌC
GỐC
BỤI CÂY
VƯỜN
THỰC VẬT
NGUỒN GỐC

39 - Agronomie

K	Q	T	I	O	N	R	O	P	N	N	O	V	K	S	Y
C	M	C	I	R	A	G	N	Ố	I	G	T	Ạ	H	Ự	H
I	V	B	Ớ	V	C	O	Q	I	B	H	B	G	O	P	A
Á	G	N	Ợ	Ư	L	G	N	Ă	N	I	Ô	R	A	H	A
H	Ệ	T	H	Ố	N	G	I	B	G	Ê	N	B	H	Á	P
T	I	P	O	L	D	Ò	O	P	N	N	H	G	Ọ	T	H
H	N	Ệ	B	P	C	D	M	M	L	C	I	N	C	T	Â
N	Ă	C	Ứ	H	T	V	N	I	P	Ứ	Ễ	Ờ	N	R	N
I	B	K	R	A	U	V	H	Y	Ó	U	M	Ư	Ô	I	B
S	Ề	L	H	K	L	K	L	P	O	X	A	R	N	Ể	Ó
G	N	T	N	O	H	S	Ả	N	X	U	Ấ	T	G	N	N
V	V	Q	U	B	Ữ	R	P	V	D	T	N	I	T	L	B
R	Ữ	H	V	V	U	K	C	A	B	C	H	Ô	H	R	M
I	N	N	O	G	C	D	M	L	T	U	G	M	Ô	H	V
L	G	T	T	D	Ơ	R	N	K	P	A	Y	O	N	L	G
K	C	Q	M	K	A	N	Ô	N	G	N	G	H	I	Ệ	P

BỀN VỮNG
SINH THÁI
NĂNG LƯỢNG
XÓI MÒN
SỰ PHÁT TRIỂN
RAU
NÔNG NGHIỆP
NÔNG THÔN
PHÂN BÓN
MÔI TRƯỜNG
NGHIÊN CỨU
HỮU CƠ
SẢN XUẤT
HỆ THỐNG
Ô NHIỄM
THỨC ĂN
NƯỚC
KHOA HỌC
HẠT GIỐNG
BỆNH

40 - Oceaan

O	B	T	O	O	Ả	T	I	O	V	Á	C	N	V	C	T
O	U	P	O	Y	I	L	H	T	N	R	Á	L	O	R	P
U	V	I	V	Y	H	M	C	Ủ	Ề	A	H	H	R	R	I
B	Ạ	C	H	T	U	Ộ	C	L	Y	R	E	K	R	I	V
L	I	R	R	N	O	G	Y	K	U	T	O	N	T	H	Q
L	V	U	T	L	I	G	V	Y	H	P	R	G	U	K	B
I	B	Ã	O	T	Á	P	A	C	T	V	Q	I	Ố	U	M
N	I	B	I	T	G	C	G	K	L	T	P	O	Ề	L	H
I	B	P	T	G	A	Y	U	N	H	D	U	N	A	U	B
R	D	T	G	U	T	N	P	A	K	S	Ứ	A	Y	N	I
Y	I	Q	V	I	O	R	D	Ù	U	U	O	Q	Ừ	V	B
H	À	U	H	A	H	Q	Ả	R	I	Q	T	P	G	Q	R
U	T	P	H	L	U	K	T	L	Y	D	Ô	H	N	A	S
B	B	M	R	Q	V	U	L	A	Ạ	V	M	C	Á	C	Á
C	Á	M	Ậ	P	V	R	N	R	G	I	B	N	C	P	O
B	Ọ	T	B	I	Ể	N	Ơ	Ư	L	Q	C	I	K	P	P

LƯƠN
TẢO
THUYỀN
CÁ HEO
TÔM
THỦY TRIỀU
CÁ MẬP
SAN HÔ
CUA
SỨA
BẠCH TUỘC
HÀU
TRẢ LẠI
RÙA
BỌT BIỂN
BÃO TÁP
CÁ NGỪ
CÁ
CÁ VOI
MUỐI

41 - Landen #2

U	B	Đ	L	R	D	N	A	L	E	R	I	L	S	M	K
I	L	A	O	K	P	Á	H	P	M	P	I	V	O	À	L
K	H	N	P	D	Ạ	K	V	Ậ	C	B	B	K	M	N	A
P	H	M	N	K	L	L	T	B	T	O	C	I	A	M	P
C	D	Ạ	H	B	Y	V	U	G	T	B	O	P	L	E	E
O	G	C	P	O	H	S	Y	R	I	A	Ả	Y	I	X	N
I	O	H	A	Q	C	Q	Y	P	I	I	K	N	A	I	I
U	G	A	N	D	A	I	S	Y	A	L	A	M	I	C	N
G	N	R	O	R	N	V	A	N	I	T	N	C	R	O	D
L	A	H	N	P	I	G	H	H	P	U	L	L	E	T	O
V	I	T	A	T	A	V	A	G	O	H	P	O	G	Q	N
I	R	B	B	P	R	V	G	O	I	M	O	D	I	L	E
G	G	O	E	D	K	Y	V	V	H	O	Y	Y	N	C	S
R	G	G	L	R	U	C	P	R	T	T	V	T	M	D	I
B	G	B	A	I	I	G	D	A	E	B	Q	A	Q	I	A
Y	U	R	G	Q	V	A	Y	N	E	K	Q	Y	N	B	H

ĐAN MẠCH
ETHIOPIA
PHÁP
HY LẠP
IRELAND
INDONESIA
NHẬT BẢN
KENYA
LÀO
LEBANON
LIBERIA
MALAYSIA
MEXICO
NEPAL
NIGERIA
UGANDA
UKRAINA
NGA
SOMALIA
SYRIA

42 - Bloemen

T	H	H	D	A	I	S	Y	P	P	O	P	R	M	M	H
Ử	Ư	U	O	D	Â	M	B	Ụ	T	O	T	U	D	A	O
Đ	Ớ	L	N	A	L	G	N	O	H	P	Y	O	I	G	A
I	N	Y	Ơ	O	L	P	L	U	M	E	R	I	A	N	O
N	G	I	Đ	H	O	O	L	B	M	L	C	V	K	O	Ả
H	D	K	U	Ó	U	G	A	Ờ	U	O	T	P	Q	L	I
H	Ư	V	Ẫ	B	D	A	J	K	I	L	P	U	B	I	H
Ư	Ơ	H	M	K	M	R	I	A	È	K	L	Q	G	A	Ư
Ơ	N	H	A	Y	K	D	C	C	S	N	H	R	O	Q	Ơ
N	G	D	O	A	A	E	Á	U	K	M	I	U	P	O	N
G	P	D	H	I	Q	N	N	C	U	T	I	P	Y	C	G
N	Y	N	R	U	M	I	H	P	H	C	M	N	I	Ê	V
H	C	L	H	Y	G	A	H	A	Q	O	R	O	E	P	N
C	Ỏ	B	A	L	Á	Q	O	H	O	A	H	Ồ	N	G	L
U	H	L	B	L	Y	H	A	N	O	K	P	U	N	I	Y
B	Ồ	C	Ô	N	G	A	N	H	U	N	O	R	I	A	I

CÁNH HOA
BÓ HOA
GARDENIA
DÂM BỤT
JASMINE
CỎ BA LÁ
HOA OẢI HƯƠNG
HOA LOA KÈN
TỬ ĐINH HƯƠNG
DAISY
MAGNOLIA
PHONG LAN
BỒ CÔNG ANH
POPPY
HOA MẪU ĐƠN
PLUMERIA
HOA HỒNG
LỜI KHUYÊN
HƯỚNG DƯƠNG

43 - Landschappen

H	A	O	T	D	B	L	R	M	K	P	G	Y	I	K	M
L	Ã	N	H	N	G	U	Y	Ê	N	Q	N	Ầ	U	K	O
B	Y	L	N	Đ	N	S	T	H	U	N	G	L	Ũ	N	G
Ã	Đ	M	Ị	Ầ	Ơ	M	Ô	B	P	Ể	N	M	N	N	B
I	D	Ồ	V	M	Ư	D	A	N	K	I	Ô	Ầ	P	Ú	G
B	P	H	I	H	D	N	D	A	G	B	S	Đ	L	I	S
I	G	A	Y	U	I	R	K	P	L	B	R	O	D	Q	A
Ể	U	H	H	R	Ạ	I	D	R	Y	K	Ă	Y	L	B	M
N	V	B	R	R	Đ	N	Ú	I	L	Ử	A	N	G	Á	Ạ
T	H	Á	C	N	Ư	Ớ	C	V	C	A	R	D	G	N	C
Đ	P	P	O	B	D	H	Y	N	Q	U	M	L	Q	Đ	A
O	Ả	Đ	C	Ố	Q	A	P	N	I	U	R	R	Y	Ả	N
C	N	O	M	A	H	N	O	V	H	O	G	R	G	O	L
T	Q	L	L	P	N	G	Y	Y	V	Q	L	Y	I	U	H
N	D	I	H	A	B	U	P	R	Y	Y	T	R	K	G	I
U	U	C	B	G	A	P	U	N	Q	G	B	G	B	Y	V

NÚI
ĐẢO
SÔNG BĂNG
VỊNH
HANG
ĐỒI
ĐẦM
HỒ
ĐẦM LẦY
ỐC ĐẢO
ĐẠI DƯƠNG
SÔNG
BÁN ĐẢO
BÃI BIỂN
LÃNH NGUYÊN
THUNG LŨNG
NÚI LỬA
THÁC NƯỚC
SA MẠC
BIỂN

44 - Tuin

R	G	U	B	P	K	Y	V	R	T	R	H	K	D	S	G
V	P	G	T	Ụ	N	O	Õ	G	Ấ	Y	À	D	H	Â	A
M	V	K	V	U	I	À	N	D	M	G	N	T	L	N	R
I	T	W	Ư	T	A	C	G	A	B	X	G	Q	K	T	A
U	H	E	Ờ	Q	Y	B	Â	U	Ạ	Ẻ	R	D	T	H	O
B	U	E	N	H	C	T	N	Y	T	N	À	V	L	Ư	H
Đ	Á	D	C	Ê	B	M	H	Â	O	G	O	A	Y	Ợ	B
D	V	S	R	C	I	Y	G	C	M	Q	D	P	B	N	U
T	C	H	H	I	U	H	I	D	Q	D	Q	H	I	G	V
P	K	A	O	K	Q	R	L	C	N	C	M	T	Ấ	Đ	Ò
C	P	Y	R	U	C	B	Ă	N	G	G	H	Ế	H	R	I
R	L	I	M	G	B	Y	I	L	T	B	H	V	M	Ẻ	A
O	D	K	Y	C	Y	M	Y	A	O	D	B	T	B	U	R
R	I	U	V	A	R	T	U	R	V	K	D	C	K	V	N
L	Q	K	D	N	P	L	H	K	H	B	V	Ỏ	G	K	Q
D	D	O	B	C	U	O	D	H	L	V	Y	K	L	I	V

BĂNG GHẾ
HOA
ĐẤT
CÂY
THẺ
GA-RA
CỎ
VÕNG
CÀO
HÀNG RÀO

WEEDS
ĐÁ
XẺNG
VÒI
BỤI CÂY
SÂN THƯỢNG
TẤM BẠT
VƯỜN
HIÊN
AO

45 - Dagen en Maanden

I	D	Q	H	T	Y	B	T	Ộ	M	G	N	Á	H	T	T
H	Ờ	H	A	H	T	H	Ứ	B	A	N	C	O	R	U	H
V	L	Ư	N	Á	Q	2	1	G	N	Á	H	T	R	Ầ	Á
T	M	M	M	N	P	B	T	C	A	H	C	M	Ă	N	N
H	Q	L	9	G	N	Á	H	T	V	T	Ị	C	A	K	G
Á	N	R	B	S	N	N	C	D	L	O	L	U	T	V	B
N	U	A	P	Á	T	Á	T	H	Ứ	N	Ă	M	B	G	Ả
G	Y	Q	I	U	H	H	H	A	Y	T	H	Ứ	T	Ư	Y
H	Y	K	L	R	I	N	Ứ	T	T	H	Ứ	S	Á	U	O
A	C	O	D	N	M	O	L	H	C	H	Ủ	N	H	Ậ	T
I	L	R	M	I	C	C	D	N	A	C	N	C	I	O	D
B	L	T	H	Ứ	B	Ả	Y	A	A	I	L	G	I	G	U
Y	C	K	H	C	O	A	M	À	T	H	Á	N	G	T	Ư
K	D	O	U	K	L	H	B	K	G	N	D	G	K	O	H
O	M	U	R	Q	R	L	A	G	I	N	P	R	T	D	C
K	T	I	A	D	L	H	N	G	H	A	T	T	O	B	Q

THÁNG TƯ
NGÀY
THÁNG 12
THỨ BA
THỨ NĂM
THÁNG HAI
NĂM
THÁNG MỘT
THÁNG BẢY
THÁNG SÁU
LỊCH
THÁNG
THỨ HAI
THÁNG MƯỜI
THÁNG 9
THỨ SÁU
TUẦN
THỨ TƯ
THỨ BẢY
CHỦ NHẬT

46 - Beeldende Kunsten

B	A	Ì	Ả	N	H	C	H	Ụ	P	O	V	B	V	B	B
M	Ứ	H	D	K	U	V	D	N	Á	I	P	K	U	K	T
C	N	C	I	Y	U	Ẽ	N	C	S	D	D	I	C	Q	P
C	Á	T	T	Ệ	I	K	K	Y	P	N	P	C	C	Y	H
T	K	Ú	Y	R	Q	A	K	K	Y	L	O	K	R	V	I
R	T	B	O	K	A	M	Q	Q	P	K	U	B	C	G	U
Ĩ	B	V	G	G	G	N	U	D	N	Â	H	C	N	G	O
S	Á	N	G	T	Ạ	O	H	K	I	Ế	N	T	R	Ú	C
Ệ	Y	Q	V	M	Ể	I	Đ	N	A	U	Q	M	D	Đ	G
H	A	D	N	I	I	Y	K	Ấ	Ả	K	H	A	D	I	Q
G	Q	O	G	H	R	C	U	H	T	M	G	Y	N	Ê	O
N	C	Á	I	B	Ú	T	A	P	Đ	S	I	C	N	U	M
R	I	N	I	T	U	B	T	T	Ồ	C	É	H	T	K	G
R	D	O	B	D	K	G	G	N	G	A	Y	T	P	H	V
G	I	Ấ	Y	N	Ế	N	C	A	Ố	K	M	L	B	Ắ	R
T	H	À	N	H	P	H	Ầ	N	M	T	C	U	T	C	H

ĐỒ GỐM
KIẾN TRÚC
NGHỆ SĨ
ĐIÊU KHẮC
SÁNG TẠO
VẼ
PHIM ẢNH
ẢNH CHỤP
ĐẤT SÉT
PHẤN
KIỆT TÁC
CÁI BÚT
QUAN ĐIỂM
CHÂN DUNG
BÚT CHÌ
THÀNH PHẦN
BỨC TRANH
GIẤY NẾN
SÁP

47 - Mode

B	I	O	A	Q	Q	D	Y	O	G	N	À	H	A	Ử	C
H	C	Á	C	G	N	O	H	P	N	Y	P	X	M	O	V
I	Á	M	I	Ả	O	H	T	A	Ă	M	K	U	K	Á	M
Ệ	K	L	M	L	V	C	U	Ê	H	T	Ề	H	G	N	U
N	N	Y	B	A	D	Ị	Ẫ	D	C	Ố	G	Ư	T	Ầ	V
Đ	V	C	Đ	I	I	L	M	Y	I	U	O	Ớ	C	U	B
Ạ	T	V	Ơ	A	D	H	L	C	Ả	G	M	N	G	Q	R
I	Ố	Ả	N	L	C	N	K	V	H	D	O	G	O	P	K
V	I	I	G	H	G	A	Y	K	P	T	C	A	C	B	C
M	G	Y	I	V	Y	H	C	N	Ế	T	C	Ự	H	T	Q
K	I	P	Ả	Y	C	T	R	N	Ố	T	M	Ê	I	H	K
Q	Ả	U	N	K	I	T	E	K	V	Ú	C	Q	A	N	R
U	N	R	Q	H	O	D	N	B	K	N	A	Ấ	Q	K	O
P	K	H	M	N	R	A	V	N	Y	N	L	I	U	D	K
H	A	G	Đ	Ắ	T	M	Y	O	Q	M	N	Q	C	T	N
A	R	T	M	K	K	V	Q	T	T	R	U	Q	V	N	V

KHIÊM TỐN
PHẢI CHĂNG
NGHỀ THÊU
THOẢI MÁI
ĐẮT
ĐƠN GIẢN
THANH LỊCH
REN
QUẦN ÁO
NÚT

TỐI GIẢN
HIỆN ĐẠI
GỐC
MẪU
THỰC TẾ
PHONG CÁCH
VẢI
KẾT CẤU
XU HƯỚNG
CỬA HÀNG

48 - Menselijk Lichaam

C	N	Q	P	T	N	C	U	A	M	Ằ	C	O	D	Y	C
L	Â	G	I	R	H	U	T	B	I	A	V	M	A	P	O
K	H	U	Ỷ	U	T	A	Y	L	Ệ	D	B	M	V	T	L
T	C	Q	L	A	D	R	A	R	N	Đ	I	Á	K	Q	Ư
B	I	G	P	Q	Y	D	T	H	G	Q	Ầ	U	R	T	Ỡ
U	T	K	D	Y	T	Y	O	À	N	I	O	U	D	K	I
K	B	I	B	O	A	C	T	M	Ụ	O	K	C	G	A	H
P	O	A	L	I	I	Ó	Ổ	I	B	I	P	Q	M	Ố	L
M	I	U	Q	K	P	Y	A	T	N	Ó	G	N	P	A	I
C	Q	M	B	K	G	D	A	N	Y	A	L	K	T	M	K
M	G	I	Q	G	K	L	V	T	I	A	N	G	P	B	V
G	Ắ	N	L	Đ	Ầ	U	Q	P	L	T	U	V	Y	V	C
Y	T	T	B	N	G	T	H	D	O	Y	L	M	L	R	N
C	B	O	C	K	Q	I	M	U	I	P	T	I	P	O	P
M	M	P	R	Á	L	Q	M	Ũ	I	D	L	Y	T	A	Q
K	M	U	C	C	K	I	P	P	K	I	L	A	V	V	G

CHÂN
MÁU
KHUỶU TAY
MẮT CÁ
TAY
TIM
ÓC
ĐẦU
DA
HÀM
CẰM
ĐẦU GỐI
BỤNG
MIỆNG
CỔ
MŨI
TAI
VAI
LƯỠI
NGÓN TAY

49 - Energie

L	Y	Đ	C	L	K	D	Y	N	U	T	H	B	C	Y	Q
L	U	Ệ	I	L	N	Ê	I	H	N	Á	Ạ	G	Ô	A	K
I	A	U	N	Ệ	I	Đ	Q	R	O	I	T	Y	N	G	T
H	Y	D	R	O	N	A	Ộ	K	Y	T	N	T	G	R	B
G	I	Ó	A	N	I	T	R	N	Q	Ạ	H	H	N	C	N
R	B	M	U	Y	T	N	Ử	H	G	O	Â	Ơ	G	I	Q
M	Ô	I	T	R	Ư	Ờ	N	G	N	C	N	I	H	L	M
E	N	H	I	Ệ	T	R	I	K	Ă	I	Ơ	N	I	P	G
Q	N	O	T	O	H	P	B	D	X	V	H	Ư	Ệ	O	K
L	O	T	G	Q	O	N	A	I	Q	O	A	Ớ	P	G	A
A	B	N	R	C	R	A	U	E	V	A	T	C	D	O	T
M	R	U	G	O	D	Q	T	S	N	R	Y	K	A	Q	G
L	A	D	I	R	P	K	D	E	T	O	N	G	T	P	T
T	C	T	V	L	T	Y	I	L	G	Q	M	C	L	D	M
N	D	B	P	B	Q	A	Q	V	L	M	G	M	R	V	Q
Y	T	I	R	V	Ô	N	H	I	Ễ	M	P	O	D	C	M

PIN
XĂNG
NHIÊN LIỆU
DIESEL
ĐIỆN
ĐIỆN TỬ
ENTROPY
PHOTON
TÁI TẠO
CÔNG NGHIỆP
CARBON
ĐỘNG CƠ
HẠT NHÂN
MÔI TRƯỜNG
HƠI NƯỚC
TUA-BIN
Ô NHIỄM
NHIỆT
HYDRO
GIÓ

50 - Familie

C	A	V	Y	L	C	C	A	P	C	Y	O	V	T	L	Q
G	O	Ợ	H	C	K	H	H	O	Ú	H	C	D	K	L	Y
C	T	N	T	G	Q	Á	K	L	N	B	Á	C	B	N	M
U	N	Y	G	P	N	U	Á	H	C	D	C	U	K	H	C
K	M	O	U	Á	Ê	T	M	E	Ẻ	R	T	R	G	U	V
M	Ẹ	P	D	G	I	R	H	P	L	U	H	N	V	Á	Y
R	Ô	R	R	R	T	A	R	C	H	B	Ờ	D	Ì	B	I
C	N	I	T	N	Ổ	I	Q	G	N	Y	I	Q	V	D	Á
T	G	A	R	T	T	T	V	P	K	I	T	N	I	P	G
L	B	R	C	P	P	T	V	P	O	O	H	H	P	L	M
G	I	T	L	A	H	A	Q	L	Y	I	Ơ	I	K	G	E
G	C	H	A	C	D	U	Y	A	P	G	Ấ	P	L	R	P
O	M	N	O	O	M	C	H	Ồ	N	G	U	O	U	B	T
U	K	A	Y	N	T	N	B	I	M	K	G	D	C	P	R
L	P	B	A	M	N	G	N	V	D	V	H	A	B	L	D
L	U	M	À	D	C	Y	D	M	L	M	G	R	K	D	V

ANH TRAI
CON GÁI
BÀ
THỜI THƠ ẤU
CON
TRẺ EM
CHÁU TRAI
CHỒNG
MẸ
CHÁU
CHÁU GÁI
CHÚ
ÔNG
DÌ
CHA
TỔ TIÊN
VỢ
EM GÁI

51 - Gebouwen

D	B	B	B	S	V	K	L	D	T	I	K	O	P	U	U
U	B	Ễ	Ả	Â	Q	P	K	Ị	N	O	R	T	Q	I	D
T	I	N	O	N	Q	B	C	Ọ	H	I	Ạ	Đ	A	P	M
R	Ạ	H	T	V	H	D	R	O	À	T	B	P	O	H	V
Ư	R	V	À	Ậ	R	V	Q	Y	M	Á	U	I	D	A	G
Ờ	T	I	N	N	N	K	Ự	P	Á	H	T	Ê	Q	N	C
N	G	Ệ	G	Đ	U	Q	H	A	Y	P	Á	Y	I	Ạ	A
G	N	N	R	Ộ	Y	P	A	R	G	Ạ	S	A	À	S	B
H	Ô	U	Q	N	Y	G	O	A	K	R	N	M	Đ	H	I
Ọ	N	H	À	G	I	I	P	G	L	V	A	Q	U	C	N
C	C	L	Ề	U	G	O	O	K	B	N	U	V	Â	Á	U
D	G	Ă	A	C	R	H	P	H	T	P	Q	O	L	H	A
N	O	I	N	O	N	Á	U	Q	Ứ	S	I	Ạ	Đ	K	B
M	C	K	A	H	D	L	C	Y	H	D	À	P	C	I	N
V	V	C	A	D	Ộ	O	Y	B	I	K	Đ	R	C	Q	V
A	D	N	L	H	A	M	P	T	D	H	U	U	M	M	G

ĐẠI SỨ QUÁN
CĂN HỘ
NÔNG TRẠI
CABIN
NHÀ MÁY
GA-RA
KHÁCH SẠN
NHÀ
LÂU ĐÀI
BẢO TÀNG
ĐÀI QUAN SÁT
TRƯỜNG HỌC
VỰA
SÂN VẬN ĐỘNG
SIÊU THỊ
LỀU
RẠP HÁT
THÁP
ĐẠI HỌC
BỆNH VIỆN

52 - Beroepen #1

N	H	U	B	A	Ý	P	H	K	B	A	I	B	U	L	B
U	G	P	A	V	L	R	N	D	Q	L	M	A	T	U	Á
T	K	Â	Ư	S	T	Ậ	U	L	T	N	B	B	T	T	C
L	K	I	N	N	Ậ	L	G	H	T	B	H	O	Ấ	N	S
A	B	A	H	H	V	K	Í	A	R	C	I	Q	H	H	Ĩ
Y	U	R	G	P	À	B	C	N	Y	Q	U	V	C	Ạ	T
D	H	R	Q	H	H	N	R	V	H	M	M	O	A	C	H
O	Y	V	K	O	N	M	G	N	Ô	C	Ũ	V	Ị	S	Ú
B	I	Ê	N	T	Ậ	P	V	I	Ê	N	Ứ	K	Đ	Ĩ	Y
T	H	Ợ	C	Ơ	K	H	Í	V	L	J	S	U	À	B	Y
B	Á	C	S	Ĩ	S	C	Ợ	Ư	D	E	I	C	H	B	N
T	T	T	G	S	M	U	D	G	B	W	Ạ	I	N	Ỏ	I
O	B	I	Y	C	O	K	I	A	Y	E	Đ	O	Y	P	A
V	D	B	D	Ự	M	D	C	C	P	L	L	K	C	N	A
Y	T	C	A	L	V	P	M	K	R	E	B	M	U	L	P
T	H	Ợ	S	Ă	N	T	I	R	Y	R	I	T	G	P	H

LUẬT SƯ
ĐẠI SỨ
DƯỢC SĨ
LỰC SĨ
NGÂN HÀNG
LÍNH CỨU HỎA
VŨ CÔNG
BÁC SĨ THÚ Y
BÁC SĨ
BIÊN TẬP VIÊN
NHÀ ĐỊA CHẤT
THỢ SĂN
JEWELER
PLUMBER
THỢ CƠ KHÍ
NHẠC SĨ
NHÀ VẬT LÝ
Y TÁ

53 - Antarctica

Y	K	C	O	R	C	U	G	D	T	L	U	L	Q	G	H
Â	H	Y	Y	C	T	H	Ă	M	D	Ò	M	Ụ	D	G	N
M	O	L	I	L	D	D	I	C	Ư	O	B	C	H	M	M
M	Á	M	Ô	I	T	R	Ư	Ờ	N	G	Ă	Đ	P	T	V
Á	N	U	A	N	À	A	L	I	Q	H	N	Ị	V	Ụ	Y
Đ	G	Q	G	B	C	O	M	D	H	C	G	A	M	C	B
S	S	T	B	G	Q	P	L	O	C	Ọ	H	A	O	H	K
Ô	Ả	O	H	P	R	C	N	U	Ớ	Y	I	C	H	N	M
N	N	H	Ả	Ộ	T	O	N	G	Ư	I	Đ	M	R	Á	Ô
G	A	Q	I	Đ	Ị	A	H	Ì	N	H	Ả	M	O	C	N
B	Y	D	D	T	N	L	V	N	T	Ồ	O	M	U	M	Đ
Ă	Q	T	D	Ệ	D	Á	H	L	D	R	T	M	C	I	Ị
N	Q	C	B	I	P	G	B	N	I	B	M	O	P	H	A
G	N	Y	L	H	L	A	K	K	R	Y	M	C	Ả	C	L
T	L	K	N	N	Q	R	I	I	L	V	R	L	N	B	Ý
R	A	G	Y	U	K	N	K	A	K	M	H	I	T	Q	U

VỊNH
BẢO TỒN
LỤC ĐỊA
ĐẢO
THĂM DÒ
MÔN ĐỊA LÝ
SÔNG BĂNG
BĂNG
DI CƯ
KHOÁNG SẢN
MÔI TRƯỜNG
CHIM CÁNH CỤT
ROCKY
BÁN ĐẢO
LOÀI
NHIỆT ĐỘ
ĐỊA HÌNH
NƯỚC
KHOA HỌC
ĐÁM MÂY

54 - Vissen

C	O	T	T	G	N	V	Y	P	L	H	R	K	L	P	O
Â	Q	D	I	P	Ư	C	G	Ị	B	T	Ế	I	H	T	D
N	P	O	Q	C	Ớ	M	Y	C	D	V	B	Ê	M	M	Â
N	C	Ó	M	P	C	H	H	B	Y	D	D	N	P	R	Y
Ặ	Á	K	M	O	A	I	B	U	V	M	T	N	A	B	L
N	I	Ạ	Đ	G	N	Ó	H	P	M	T	H	H	T	Ã	T
G	R	Ồ	P	A	C	M	N	G	À	A	Q	Ẫ	B	I	O
A	Ổ	A	M	V	H	G	P	B	H	Ù	N	N	O	B	I
A	R	D	Y	Â	K	P	G	D	N	M	Ề	G	C	I	U
U	L	D	Q	Y	Y	V	H	Q	K	U	Y	G	G	Ể	R
Đ	Ạ	I	D	Ư	Ơ	N	G	R	B	S	U	Ấ	N	N	L
P	K	M	K	R	B	G	C	L	M	Ô	H	G	M	Y	H
V	Q	Q	R	N	R	H	A	T	L	N	T	A	D	U	Y
V	T	H	M	U	D	N	M	G	A	G	D	N	A	R	K
M	U	R	Ồ	L	H	K	Y	G	G	H	G	M	V	O	M
L	B	L	N	M	B	K	H	B	V	B	L	M	N	G	G

MỒI
THIẾT BỊ
THUYỀN
DÂY
KIÊN NHẪN
CÂN NẶNG
MÓC
HÀM
MANG
NẤU
CÁI RỔ
HỒ
ĐẠI DƯƠNG
PHÓNG ĐẠI
SÔNG
MÙA
BÃI BIỂN
VÂY
NƯỚC

55 - Fruit

D	C	V	T	I	C	O	C	T	B	B	T	C	L	I	U
D	Ừ	A	Ư	D	Q	Â	C	Q	I	K	N	H	U	H	D
M	Đ	Q	Đ	À	O	N	Y	M	U	B	T	A	C	P	Ứ
L	U	T	R	Á	I	B	Ơ	X	D	Ả	N	N	K	A	A
Ê	Đ	Q	M	G	Y	Ơ	C	P	U	C	M	H	T	K	I
N	Ủ	P	N	D	P	M	A	C	G	Â	A	Ọ	Y	M	L
T	Y	R	M	Q	U	Ả	K	I	W	I	N	R	N	D	B
Y	Q	C	Q	K	L	U	P	Ố	K	Ô	N	Đ	B	G	R
N	V	P	I	U	Y	Q	D	U	T	X	C	N	À	Q	C
H	H	A	A	A	L	O	Y	H	R	M	Y	U	K	O	T
N	H	O	R	T	G	I	L	C	Á	Â	G	C	G	Á	B
U	I	D	B	A	L	M	K	U	I	M	O	U	M	T	D
L	Y	G	N	L	A	G	I	G	X	A	P	L	K	Ậ	K
Q	U	Ả	A	N	H	Đ	À	O	O	M	M	K	O	O	N
P	B	V	K	U	H	T	H	Q	À	B	I	M	I	Y	R
D	N	Q	G	H	R	O	A	I	I	D	V	T	G	M	M

QUẢ MƠ
DỨA
TÁO
TRÁI BƠ
CHUỐI
QUẢ MỌNG
CHANH
NHO
MÂM XÔI
QUẢ ANH ĐÀO
QUẢ KIWI
DỪA
TRÁI XOÀI
DƯA
CÂY XUÂN ĐÀO
CAM
ĐU ĐỦ
LÊ
ĐÀO
MẬN

56 - Engineering

G	R	Y	N	P	G	M	V	G	R	Y	S	Ơ	Đ	Ồ	A
N	Ó	C	T	K	T	Á	S	A	M	L	Y	G	V	K	L
Ỏ	Y	C	M	T	R	Y	Q	G	R	Q	C	G	K	C	D
L	Đ	L	N	D	K	Ẩ	A	T	O	H	O	L	O	L	I
T	Ộ	L	B	Q	Q	Đ	C	K	U	N	C	G	V	D	E
Ấ	N	M	H	T	T	Í	N	H	T	O	Á	N	G	U	S
H	G	N	N	R	L	P	L	Y	N	G	I	Ự	U	V	E
C	C	Y	Ạ	Ụ	B	Ổ	N	Đ	Ị	N	H	D	N	T	L
T	Ơ	U	M	C	K	C	V	C	G	Ợ	I	Y	D	C	G
R	U	Ấ	C	T	Ế	K	Ử	L	D	Ư	L	Â	C	Q	H
R	I	Â	Ứ	G	G	Y	I	Đ	T	L	I	X	B	Y	N
T	O	H	S	G	O	R	I	V	Ộ	G	A	H	I	T	D
D	Y	R	I	Ộ	X	O	A	Y	Q	N	T	K	T	U	U
K	C	Q	P	N	Đ	O	O	M	N	Ă	G	V	C	G	L
Đ	Ư	Ờ	N	G	K	Í	N	H	N	N	G	N	V	R	N
B	T	H	Y	M	I	K	H	O	L	I	U	R	O	U	U

TRỤC
TÍNH TOÁN
CỬ ĐỘNG
XÂY DỰNG
SƠ ĐỒ
ĐƯỜNG KÍNH
ĐỘ SÂU
DIESEL
NĂNG LƯỢNG
GÓC
SỨC MẠNH
MÁY
ĐO
ĐỘNG CƠ
XOAY
ỔN ĐỊNH
KẾT CẤU
CHẤT LỎNG
ĐẨY
MA SÁT

57 - Literatuur

K	L	K	K	K	K	C	T	I	Ể	U	S	Ử	Q	H	Y
G	Y	N	R	B	À	I	T	H	Ơ	Y	N	G	K	U	H
C	H	Ủ	Đ	Ề	N	Ạ	Ý	P	H	N	Á	S	O	S	D
P	P	K	Ự	D	D	O	G	K	T	K	L	K	L	R	U
Ị	H	G	T	R	G	H	L	A	I	K	Ụ	N	D	Q	P
H	C	Ầ	G	H	R	T	M	O	A	Ế	D	L	P	Y	H
N	Á	Q	N	L	V	I	H	C	Í	T	N	Â	H	P	Y
Ầ	C	L	Ơ	K	H	Ộ	B	B	O	I	Ẩ	M	I	V	U
V	G	V	Ư	N	Ế	H	K	Q	B	T	Á	C	G	I	Ả
U	N	L	T	H	P	T	I	P	Y	I	P	O	R	B	T
R	O	A	A	U	L	I	L	P	V	K	K	U	L	T	U
D	H	T	C	V	R	R	P	U	D	P	M	Ị	B	C	Ê
C	P	Q	O	G	D	Q	A	Y	Ậ	C	H	L	C	L	I
G	I	A	I	T	H	O	Ạ	I	U	N	P	Q	O	H	M
V	I	Ễ	N	T	Ư	Ở	N	G	D	V	H	I	Y	U	Ự
T	I	Ể	U	T	H	U	Y	Ế	T	G	D	T	G	U	S

TƯƠNG TỰ
PHÂN TÍCH
GIAI THOẠI
TÁC GIẢ
TIỂU SỬ
PHẦN KẾT LUẬN
HỘI THOẠI
VIỄN TƯỞNG
BÀI THƠ
Ý KIẾN
ẨN DỤ
SỰ MIÊU TẢ
THƠ
VẦN
NHỊP
TIỂU THUYẾT
PHONG CÁCH
CHỦ ĐỀ
BI KỊCH
SO SÁNH

58 - Technologie

I	H	Y	Ê	K	G	N	Ố	H	T	N	Y	C	T	N	O
N	C	Q	M	Ỹ	L	N	N	Ộ	I	Ậ	C	H	U	U	C
T	C	U	Á	T	O	B	M	U	G	U	P	Ữ	U	R	M
E	N	Y	Y	H	U	D	Ả	T	A	P	P	T	Ệ	A	Á
R	T	G	Ả	U	Ứ	L	O	N	N	O	D	Q	I	I	Y
N	C	U	N	Ậ	C	P	H	Ầ	N	M	Ề	M	L	N	T
E	O	N	H	T	N	O	V	B	R	M	I	N	Ữ	L	Í
T	D	G	B	S	Ê	D	N	B	L	O	G	M	D	A	N
B	N	I	Y	Ố	I	K	T	T	A	M	N	C	Y	O	H
T	I	M	D	P	H	C	B	K	R	N	V	U	G	R	D
M	P	Ệ	I	Đ	G	N	Ô	H	T	Ở	I	B	N	H	P
U	P	P	R	M	N	V	U	M	À	N	R	K	D	R	G
A	R	I	K	C	C	B	M	H	R	R	Ú	O	A	V	N
T	R	Ì	N	H	D	U	Y	Ệ	T	Q	T	H	N	T	I
V	M	M	D	A	N	N	I	N	H	H	G	D	T	D	G
R	U	M	G	R	N	D	P	K	O	Q	P	H	K	T	A

THÔNG ĐIỆP
TẬP TIN
BLOG
TRÌNH DUYỆT
NỘI
MÁY ẢNH
MÁY TÍNH
CON TRỎ
KỸ THUẬT SỐ
DỮ LIỆU
INTERNET
CHỮ
NGHIÊN CỨU
MÀN
PHẦN MỀM
THỐNG KÊ
AN NINH
ẢO
VI RÚT

59 - Boeken

B	I	K	Ị	C	H	B	H	À	I	H	Ư	Ớ	C	C	Q
H	K	L	L	Ọ	H	N	Ố	T	O	H	T	I	U	Ó	R
T	Ế	Y	U	H	T	U	Ể	I	T	K	K	M	N	L	K
Ạ	P	M	L	N	M	O	B	M	C	K	P	A	G	I	A
O	G	Y	T	Ă	H	N	D	A	I	Ả	G	Ử	Ư	Ê	C
L	N	B	B	V	H	R	C	N	U	I	N	S	Ờ	N	R
N	C	U	P	B	G	L	G	N	P	G	A	H	I	Q	V
Q	A	C	T	T	À	M	P	Ệ	C	C	R	C	Đ	U	P
K	É	O	D	À	I	I	Ậ	Y	T	Á	T	Ị	Ọ	A	H
T	Ừ	I	R	L	B	S	T	U	H	T	H	L	C	N	C
T	V	V	Y	D	K	Á	U	H	A	O	B	U	C	R	L
I	D	C	T	P	L	N	Ư	C	Ơ	H	O	V	R	D	U
N	T	O	H	U	V	G	S	U	N	H	Â	N	V	Ậ	T
K	A	Y	U	L	C	T	Ộ	Â	L	N	T	C	I	H	I
A	Q	I	I	V	L	Ạ	B	C	T	K	V	I	Ế	T	A
R	H	G	U	G	A	O	R	V	R	B	O	N	Y	A	U

TÁC GIẢ
TRANG
BỘ SƯU TẬP
BỐI CẢNH
KÉO DÀI
BÀI THƠ
VIẾT
LỊCH SỬ
HÀI HƯỚC
SÁNG TẠO
NHÂN VẬT
NGƯỜI ĐỌC
VĂN HỌC
THƠ
CÓ LIÊN QUAN
TIỂU THUYẾT
LOẠT
BI KỊCH
CÂU CHUYỆN
TỪ

60 - Meer Informatie

P	K	O	Ả	M	I	U	I	K	G	Ệ	K	A	A	D	K
K	R	R	O	O	Y	T	G	V	V	H	H	Q	O	Ử	K
N	T	A	V	H	G	N	Ợ	Ư	T	G	N	Ở	Ư	T	R
Ế	T	C	Ự	H	T	I	A	L	G	N	Ơ	Ư	T	N	A
L	I	L	I	A	B	N	Á	D	P	G	Q	A	N	Ê	Y
K	O	E	C	Y	N	Í	B	C	M	N	V	I	P	Y	A
I	Ị	P	O	M	D	P	Ẩ	K	G	Ô	Y	P	M	U	M
Y	G	C	O	H	N	M	O	N	B	C	G	O	M	G	O
T	O	B	H	U	B	O	Y	H	À	N	H	T	I	N	H
A	A	K	B	B	N	Q	Y	C	H	U	O	S	Ờ	B	Q
B	U	Y	V	A	Ả	Q	A	Á	N	G	L	Y	V	Y	H
U	T	O	P	I	A	N	R	S	Ê	C	Ử	D	T	C	P
L	K	M	B	Á	Q	L	N	N	I	Ự	A	T	Ệ	I	C
T	U	A	N	H	H	O	Ổ	O	H	C	V	G	Y	R	D
K	D	T	U	N	G	B	B	K	T	T	Y	R	U	K	L
H	B	L	G	V	T	H	Ế	G	I	Ớ	I	I	T	K	A

NGUYÊN TỬ
SÁCH
LỬA
TƯỞNG TƯỢNG
DYSTOPIA
NỔ
CỰC
TUYỆT VỜI
TƯƠNG LAI
ẢO GIÁC
NHÁI
BÍ ẨN
ORACLE
HÀNH TINH
THỰC TẾ
KỊCH BẢN
THIÊN HÀ
CÔNG NGHỆ
UTOPIA
THẾ GIỚI

61 - Haartypes

M	Á	X	U	À	M	H	N	R	K	C	G	G	R	I	K
À	C	A	B	G	I	T	U	U	Y	N	Y	D	V	D	G
U	B	M	B	B	H	P	Ô	R	À	O	P	V	A	À	R
N	L	G	K	Y	O	K	H	Ỏ	E	M	Ạ	N	H	Y	V
Â	D	Q	O	L	K	D	K	G	V	Ề	R	Ị	Ắ	I	C
U	D	L	K	I	Y	B	T	V	U	M	N	M	U	G	H
R	I	N	P	A	D	P	O	H	O	C	Q	V	N	N	N
H	P	Y	I	I	I	Q	A	O	Y	C	Q	D	U	Ỏ	M
M	U	I	N	Y	L	G	C	Y	R	P	K	M	G	M	L
Đ	R	K	A	D	B	S	Á	N	G	B	Ó	N	G	C	L
E	O	D	O	O	V	M	G	U	N	P	H	M	D	L	U
N	P	A	B	K	D	U	H	O	Ắ	B	V	Q	D	À	I
C	U	R	L	S	L	U	I	X	R	U	Ễ	D	T	Q	A
Ạ	H	B	I	L	O	P	O	O	T	Y	O	N	M	U	A
B	N	H	Ó	I	U	V	O	Ă	T	Ó	C	V	À	N	G
K	B	T	G	Q	D	V	H	N	N	T	I	O	Y	L	D

TÓC VÀNG
MÀU NÂU
DÀY
KHÔ
MỎNG
MÀU
BỆN
KHỎE MẠNH
MỊN
SÁNG BÓNG
MÀU XÁM
HÓI
NGẮN
CURLS
XOĂN
DÀI
TRẮNG
MỀM
BẠC
ĐEN

62 - Creativiteit

T	Q	G	P	L	Y	R	N	L	O	A	T	Y	D	Y	N
K	Ự	C	C	Ỏ	K	O	T	K	Q	Ạ	L	B	I	H	L
C	C	P	C	N	M	Q	B	K	Ấ	N	T	Ư	Ợ	N	G
K	P	R	H	G	B	T	K	Ỹ	L	R	I	G	P	D	Q
M	Ị	R	P	Á	I	L	T	N	C	R	V	L	N	M	C
M	K	C	I	P	T	B	P	Ă	M	K	D	Y	Ễ	Á	H
T	Ậ	U	H	T	Ệ	H	G	N	O	A	D	N	I	A	S
Ả	N	H	A	L	L	Ộ	Đ	G	N	Ờ	Ư	C	H	C	L
T	Í	N	H	X	Á	C	T	H	Ự	C	N	Á	U	Ả	B
R	H	N	G	L	T	Á	Q	Q	R	H	U	I	Ể	M	T
O	R	V	H	A	B	I	V	K	G	N	R	G	I	X	Ầ
M	Ý	T	Ư	Ở	N	G	N	Ứ	H	M	Ả	C	B	Ú	M
R	Õ	R	À	N	G	M	A	V	P	Q	K	Ự	U	C	N
Y	Q	B	O	L	T	Ả	R	B	I	N	G	R	K	A	H
U	Q	K	D	R	U	C	D	H	Q	O	T	T	Q	U	Ì
Q	L	R	L	A	N	K	R	S	Ứ	C	S	Ố	N	G	N

NGHỆ THUẬT
ẢNH
KỊCH
TÍNH XÁC THỰC
CẢM XÚC
CẢM GIÁC
RÕ RÀNG
Ý TƯỞNG
ẤN TƯỢNG
CẢM HỨNG
CƯỜNG ĐỘ
TRỰC GIÁC
SÁNG TẠO
TỰ PHÁT
BIỂU HIỆN
KỸ NĂNG
TẦM NHÌN
SỨC SỐNG
LỎNG

63 - Natuur

H	O	O	T	Y	D	N	V	O	Y	D	K	P	A	H	S
T	V	N	V	O	B	Ú	H	G	A	A	T	N	A	Ò	Ô
T	H	G	T	D	Y	I	Ớ	Đ	T	Ệ	I	H	N	A	N
Ậ	C	Á	L	R	O	K	P	C	Ự	C	C	Ắ	B	B	G
V	P	P	N	T	A	H	Y	B	Ạ	Ù	P	L	H	Ì	N
G	U	B	Ẹ	H	B	H	X	Ó	I	M	Ò	N	O	N	Ừ
N	Ă	N	G	Đ	Ộ	N	G	Đ	M	G	A	I	A	H	R
Ộ	A	O	N	M	Ẻ	N	N	Á	D	N	R	S	N	D	T
Đ	M	O	Ọ	A	G	V	Ă	M	H	Ơ	T	P	G	C	S
L	A	C	R	L	H	B	B	M	A	Ư	V	T	D	H	E
T	V	C	T	O	R	N	G	Â	K	S	L	Q	Ã	P	R
Y	G	C	N	O	O	D	N	Y	A	B	N	B	B	B	E
A	G	O	A	Y	B	L	Ô	I	T	C	D	H	D	C	N
T	A	G	U	B	L	B	S	M	T	Q	R	R	K	G	E
U	G	P	Q	O	I	I	M	I	D	H	H	K	I	A	N
P	U	N	G	U	D	Y	Y	V	H	K	Q	M	V	A	P

BẮC CỰC
NÚI
ONG
RỪNG
ĐỘNG VẬT
NĂNG ĐỘNG
XÓI MÒN
LÁ
SÔNG BĂNG
THÁNH
SƯƠNG MÙ
SÔNG
HÒA BÌNH
VẺ ĐẸP
SERENE
NHIỆT ĐỚI
QUAN TRỌNG
HOANG DÃ
SA MẠC
ĐÁM MÂY

64 - Zoogdieren

D	D	D	B	Ỉ	H	K	D	C	O	Y	Q	M	Q	L	K
L	R	H	M	C	C	Ả	N	B	O	C	G	G	K	V	A
C	V	M	L	Ở	H	T	I	O	V	N	O	C	G	B	N
T	M	L	T	V	Ó	C	P	L	D	C	Á	V	O	I	G
V	A	C	Y	U	G	N	H	P	Y	E	K	N	O	D	A
Q	D	D	K	C	K	H	Ỉ	Đ	Ộ	T	Y	D	G	N	R
H	U	Ê	U	Á	C	G	T	K	I	Ó	S	Ó	H	C	O
Ư	L	D	C	H	D	O	L	P	C	Q	Ư	C	B	I	O
Ơ	H	R	I	E	O	C	Y	H	C	L	T	C	Ò	R	G
U	D	R	Y	O	Á	C	D	O	D	R	Ử	T	Đ	I	V
C	O	O	D	È	G	Q	H	Q	T	T	P	M	Ự	P	H
A	U	K	D	M	O	K	L	Y	N	E	À	Đ	C	Ạ	L
O	Ự	G	P	N	Q	B	G	Y	M	M	H	Y	I	N	U
C	L	G	M	O	Y	L	N	T	G	H	N	D	Y	K	G
Ổ	N	P	N	C	N	L	G	D	N	C	R	N	T	H	H
H	L	L	T	Q	Y	B	K	Y	N	A	I	M	K	B	T

KHỈ
HẢI LY
COYOTE
CÁ HEO
DONKEY
DÊ
HƯƠU CAO CỔ
KHỈ ĐỘT
CHÓ
LẠC ĐÀ
KANGAROO
CON MÈO
THỎ
SƯ TỬ
CON VOI
NGỰA
BÒ ĐỰC
CÁO
CÁ VOI
CHÓ SÓI

65 - Overheid

H	Q	C	H	M	K	L	K	Q	L	U	G	K	U	B	Q
D	U	H	S	I	M	O	C	U	I	C	T	D	P	C	H
M	Ố	Í	M	Ự	Ế	I	V	Y	T	D	Â	N	C	H	Ủ
O	C	N	R	N	C	N	G	Ề	Ự	S	N	Â	D	U	H
N	T	H	B	I	I	Ô	P	N	D	M	N	T	G	C	B
U	Ị	T	Ậ	U	L	H	N	H	O	P	R	Ư	Q	H	L
M	C	R	O	B	L	R	Ò	G	Á	M	D	P	P	L	A
E	H	Ị	O	D	K	D	M	A	B	P	N	H	H	N	Y
N	G	N	Ợ	Ư	T	U	Ể	I	B	Ằ	G	Á	Á	T	M
T	H	Q	Q	U	Ậ	N	K	G	Q	Ì	N	P	T	H	U
T	I	Ể	U	B	A	N	G	C	C	H	N	G	B	Ả	P
L	Ã	N	H	Đ	Ạ	O	H	Ố	N	V	C	H	I	O	R
B	Ì	N	H	Đ	Ẳ	N	G	U	Y	G	M	C	Ể	L	D
Y	H	P	I	Y	G	L	L	Q	Y	V	A	O	U	U	O
D	V	H	Q	O	N	O	N	R	R	I	B	I	G	Ậ	D
R	V	U	H	P	I	H	G	K	U	H	C	M	P	N	R

QUỐC TỊCH
DÂN SỰ
DÂN CHỦ
THẢO LUẬN
BÌNH ĐẲNG
TƯ PHÁP
SỰ CÔNG BẰNG
HIẾN PHÁP
LÃNH ĐẠO
MONUMENT

QUỐC GIA
CHÍNH TRỊ
QUYỀN
HÒA BÌNH
TIỂU BANG
BIỂU TƯỢNG
PHÁT BIỂU
TỰ DO
LUẬT
QUẬN

66 - Voertuigen

V	P	T	B	L	T	O	U	I	R	M	C	V	G	B	C
X	E	T	Ắ	C	X	I	Ả	T	E	X	P	Q	N	V	A
P	P	L	L	N	H	R	B	H	D	O	G	U	R	H	R
H	T	V	A	N	M	Á	Y	K	É	O	C	K	L	U	A
L	V	A	Q	Ử	Y	K	K	O	V	V	Y	U	L	N	V
V	Q	G	Q	L	L	G	I	O	A	M	T	P	A	Y	A
U	G	U	M	Ầ	G	N	U	À	T	U	I	Ạ	U	H	N
N	G	A	B	C	K	Y	Ê	V	I	T	T	Đ	B	Y	N
R	O	Y	G	N	Ơ	Ư	H	T	U	Ứ	C	E	X	X	M
P	H	À	A	X	R	O	V	A	K	A	T	X	V	E	Y
T	P	O	O	I	E	H	X	E	B	U	Ý	T	V	L	Q
M	H	T	K	B	N	H	X	E	T	A	Y	G	A	Ử	M
L	P	U	B	È	V	L	Ơ	C	G	N	Ộ	Đ	N	A	I
Ố	Y	B	Y	N	N	V	N	I	V	T	Q	V	I	C	Y
P	T	Y	H	Ề	M	Á	Y	B	A	Y	D	R	H	L	L
C	G	M	Ầ	G	N	N	Ệ	I	Đ	E	X	O	Y	I	L

XE CỨU THƯƠNG
XE HƠI
LỐP
VAN
THUYỀN
XE BUÝT
CARAVAN
XE ĐẠP
XE ĐIỆN NGẦM
ĐỘNG CƠ
TÀU NGẦM
TÊN LỬA
XE TAY GA
XE TẮC XI
MÁY KÉO
XE LỬA
PHÀ
MÁY BAY
BÈ
XE TẢI

67 - Geografie

S	A	L	T	A	A	Ố	H	P	H	N	À	H	T	C	L
Q	T	P	T	H	T	Q	T	Ư	M	B	A	M	O	M	O
H	P	Y	T	Q	Ế	T	P	K	Ớ	L	C	N	T	A	L
M	D	L	I	Ồ	C	G	N	Ô	S	N	Ể	I	B	T	Ụ
X	Í	C	H	Đ	Ạ	O	I	Ú	N	Đ	G	H	G	U	C
V	M	Ắ	I	N	R	K	Q	Ớ	R	Ạ	R	T	R	L	Đ
K	B	B	L	Ả	O	I	T	V	I	I	V	Q	Â	A	Ị
N	D	K	K	B	A	N	V	Y	H	D	T	D	U	Y	A
K	H	U	V	Ự	C	H	H	M	O	Ư	Y	M	P	A	I
I	G	V	U	L	Ộ	T	V	T	K	Ơ	T	G	H	L	G
B	R	Đ	Ĩ	N	Đ	U	U	Ầ	C	N	Á	B	Í	G	C
T	O	Ả	I	Đ	I	Y	Q	C	D	G	O	H	A	I	Ố
I	G	O	N	A	Ộ	Ế	M	H	V	U	R	A	N	L	U
R	H	M	G	H	G	N	M	G	Q	N	V	Q	A	U	Q
I	Q	P	V	Q	O	H	R	N	T	N	M	Y	M	L	D
G	H	N	Q	M	U	D	O	T	G	Q	H	R	A	O	G

ATLAS
NÚI
VĨ ĐỘ
LỤC ĐỊA
ĐẢO
XÍCH ĐẠO
BÁN CẦU
ĐỘ CAO
BẢN ĐỒ
QUỐC GIA
KINH TUYẾN
BẮC
ĐẠI DƯƠNG
KHU VỰC
SÔNG
THÀNH PHỐ
THẾ GIỚI
HƯỚNG TÂY
BIỂN
PHÍA NAM

68 - Kunstbenodigdheden

S	M	U	P	O	A	D	B	B	V	P	O	H	R	D	A
Á	À	B	I	R	Y	C	B	K	D	Q	E	G	T	Y	T
N	U	I	B	U	C	Ớ	R	G	M	T	K	A	É	I	M
G	S	N	I	I	M	Ư	N	Y	Q	H	G	A	S	A	R
T	Ắ	A	O	Ả	Ự	N	D	B	L	Q	R	B	T	E	S
Ạ	C	D	Ì	H	C	T	Ú	B	U	I	V	À	Ấ	M	L
O	C	N	D	C	C	Ớ	V	D	L	H	C	N	Đ	N	E
G	I	Ấ	Y	N	R	R	Ư	U	P	Y	R	Ơ	L	C	T
C	R	P	K	À	B	Y	V	N	I	A	M	S	D	D	S
T	K	L	B	B	A	T	N	A	U	Ầ	D	I	N	U	A
M	Á	Y	Ả	N	H	G	R	H	N	À	V	I	H	C	P
T	N	A	C	M	T	K	N	T	D	A	M	U	G	N	P
Ẩ	D	R	P	C	H	Y	B	P	O	A	G	N	O	B	N
Y	I	C	G	O	K	U	N	V	K	I	I	H	Q	K	Y
Q	U	Y	H	C	C	A	A	K	P	V	K	C	R	T	H
O	T	H	Ế	A	Q	M	U	K	D	V	L	T	Y	I	P

ACRYLIC
MÀU NƯỚC
BÀN CHẢI
MÁY ẢNH
SÁNG TẠO
EASEL
TẨY
THAN
MỰC
ĐẤT SÉT
MÀU SẮC
KEO
DẦU
GIẤY
PASTELS
BÚT CHÌ
GHẾ
BÀN
SƠN
NƯỚC

69 - Barbecues

K	C	Y	T	Ố	X	C	Ớ	Ư	N	N	H	R	A	U	Â
D	P	U	Y	I	T	M	B	Y	È	Ó	D	T	Ư	S	M
B	R	M	Q	B	Ê	U	Y	Ữ	H	N	À	H	R	A	N
D	U	I	N	R	V	U	H	B	A	G	O	O	T	L	H
G	N	Ư	Ớ	N	G	M	A	K	Ù	T	O	P	A	A	Ạ
K	A	U	V	Y	C	V	D	T	M	L	Ố	U	Ữ	D	C
U	U	F	O	R	K	S	O	A	K	C	K	I	B	S	T
B	M	Y	P	B	V	N	A	U	O	A	P	Ó	H	O	V
Q	V	G	I	A	Đ	Ì	N	H	V	K	A	Đ	T	N	Y
Q	K	Q	Ờ	C	U	A	O	C	K	M	V	V	A	B	G
O	N	T	M	Q	A	G	M	À	A	U	O	I	U	O	O
Y	Â	C	I	Á	R	T	V	C	Y	Ố	Y	U	L	N	M
N	B	P	Ờ	Q	U	T	D	O	M	I	G	G	G	M	M
Y	I	I	L	U	H	Y	A	T	Y	H	R	G	K	G	T
U	H	Y	L	R	H	M	C	T	R	L	I	G	I	A	N
M	B	B	G	À	B	I	I	H	V	G	K	O	D	P	V

BỮA TỐI
GIA ĐÌNH
TRÁI CÂY
NƯỚNG
RAU
NÓNG
ĐÓI
GÀ
BỮA TRƯA
DAO
ÂM NHẠC
TIÊU
SALADS
NƯỚC XỐT
CÀ CHUA
HÀNH
LỜI MỜI
FORKS
MÙA HÈ
MUỐI

70 - Schoonheid

Ă	B	K	T	R	Q	Q	P	U	C	O	M	D	R	T	L
N	D	K	P	G	Ư	Ơ	N	G	G	R	R	I	D	H	R
Ả	M	H	T	T	C	B	Q	G	U	Y	B	T	I	A	D
N	A	V	K	T	I	M	H	D	M	L	U	Y	M	N	T
H	S	H	M	V	I	T	L	C	Ơ	Q	Q	T	T	H	G
A	C	L	N	V	O	U	I	R	H	H	G	N	T	L	H
B	A	A	O	Â	R	L	T	Ộ	T	P	O	D	H	Ị	C
M	R	M	D	G	N	Ọ	R	T	G	N	A	S	M	C	I
G	A	I	N	K	Ị	K	M	P	N	U	À	M	Ỹ	H	V
L	P	N	U	H	M	U	C	P	Ơ	Ầ	Ầ	A	P	G	V
Q	U	Y	Ế	N	R	Ũ	B	M	Ư	D	V	D	H	P	C
S	O	N	M	Ô	I	P	Ụ	V	H	C	Ị	D	Ẩ	C	O
K	K	C	U	R	L	S	D	M	A	G	C	O	M	T	V
H	B	É	S	T	Y	L	I	S	T	L	B	A	N	R	U
K	U	A	O	T	R	A	N	G	Đ	I	Ể	M	K	K	T
I	T	D	O	T	L	U	Y	V	G	C	R	A	M	H	Q

QUYẾN RŨ
MỸ PHẨM
DỊCH VỤ
THANH LỊCH
SANG TRỌNG
ĂN ẢNH
ÂN
HƯƠNG THƠM
MỊN
DA
MÀU
CURLS
SON MÔI
MASCARA
DẦU
KÉO
DẦU GỘI
GƯƠNG
STYLIST
TRANG ĐIỂM

71 - Wetenschappelijke Discip

H	Ó	A	H	Ọ	C	D	I	N	H	D	Ư	Ỡ	N	G	I
Đ	Ộ	N	G	V	Ậ	T	H	Ọ	C	M	C	U	Y	O	M
G	K	N	L	P	T	R	D	B	V	H	U	M	L	A	K
H	I	Y	B	R	P	D	N	G	O	N	Q	R	Q	R	I
Ó	T	Ả	G	T	Â	M	L	Ý	I	V	L	U	O	L	M
A	X	H	I	A	N	C	C	A	Y	H	O	K	P	P	Q
S	Ã	K	Ầ	P	T	H	I	Ê	N	V	Ă	N	H	Ọ	C
I	H	H	S	N	H	C	Ị	D	N	Ễ	I	M	S	R	Ọ
N	Ộ	Ả	R	I	K	Ẫ	K	H	O	Á	N	G	I	O	H
H	I	O	V	N	N	I	U	H	C	N	G	O	N	B	Ý
I	H	C	Y	B	R	H	N	H	M	C	M	V	H	O	L
Y	Ọ	Ổ	B	T	D	P	H	H	Ọ	V	P	N	T	T	H
U	C	H	C	Ơ	K	H	Í	Ọ	K	C	M	M	H	I	N
O	T	Ọ	C	Ọ	H	T	Ấ	H	C	A	Ị	Đ	Á	C	I
I	U	C	T	H	Ự	C	V	Ậ	T	H	Ọ	C	I	S	S
K	H	Í	T	Ư	Ợ	N	G	H	Ọ	C	T	I	H	L	C

GIẢI PHẪU HỌC
KHẢO CỔ HỌC
THIÊN VĂN HỌC
HÓA SINH
SINH HỌC
HÓA HỌC
SINH THÁI
SINH LÝ HỌC
ĐỊA CHẤT HỌC
MIỄN DỊCH
CƠ KHÍ
KHÍ TƯỢNG HỌC
KHOÁNG
THẦN KINH
THỰC VẬT HỌC
TÂM LÝ
ROBOTICS
XÃ HỘI HỌC
DINH DƯỠNG
ĐỘNG VẬT HỌC

72 - Bijvoeglijke Naamwoorden

B	G	Q	O	C	D	P	I	H	C	U	Ị	H	I	K	Y
K	L	C	C	C	H	I	D	G	R	D	O	V	K	Ị	P
I	G	H	O	A	N	G	D	Ã	N	Ả	M	K	Ú	C	L
S	Á	N	G	T	Ạ	O	À	H	Ự	T	B	H	A	H	G
Q	Q	Ê	R	Ậ	M	Ỡ	B	Y	M	Ô	Ì	Ỏ	R	T	T
U	Y	I	U	H	N	Ặ	M	O	O	M	N	E	L	D	L
D	O	H	L	T	Ă	M	Đ	U	A	K	H	M	P	N	H
A	P	N	R	G	N	P	Ó	Q	À	Y	T	Ạ	N	N	Y
U	C	Ự	U	M	G	Y	I	M	O	M	H	N	L	B	I
G	Q	T	R	G	K	L	Ơ	U	Ớ	R	Ư	H	G	H	K
M	Ệ	T	I	K	H	O	Ư	G	L	I	Ờ	T	I	Q	P
B	Q	L	P	P	I	B	T	N	R	G	N	B	B	C	T
T	H	U	Ầ	N	Ế	D	R	Y	H	R	G	L	D	B	I
Ủ	G	N	N	Ồ	U	B	B	P	B	D	I	K	H	P	G
I	O	D	H	K	V	T	U	U	I	T	N	K	C	N	C
D	B	C	L	B	A	G	N	G	G	D	N	O	C	B	M

THẬT
NĂNG KHIẾU
MÔ TẢ
SÁNG TẠO
KỊCH
KHỎE MẠNH
ĐÓI
THÚ VỊ
MỆT
TỰ NHIÊN

MỚI
BÌNH THƯỜNG
MÀU MỠ
BUỒN NGỦ
MẠNH
TỰ HÀO
TƯƠI
HOANG DÃ
MẶN
THUẦN

73 - Kleding

H	C	D	K	I	Y	Y	T	V	G	G	G	K	R	I	P
G	Y	K	M	Q	K	U	H	I	H	V	A	H	U	Q	A
D	H	R	I	D	C	O	H	G	L	G	G	Ă	T	Á	J
É	U	B	V	I	G	P	L	L	G	K	T	N	H	O	A
P	G	Q	U	Ầ	N	J	E	A	N	Ầ	U	Q	Ờ	C	M
Á	G	Ă	H	O	O	D	Q	A	E	D	Y	U	I	Á	A
L	O	M	N	Y	O	N	A	I	L	Ổ	Y	À	T	N	M
R	H	S	G	G	G	T	R	D	O	Q	C	N	R	H	V
G	T	Y	Ơ	N	T	C	I	Y	Á	N	Á	G	A	I	B
N	M	H	Ũ	M	R	A	P	C	U	N	O	C	N	A	K
C	I	I	B	Ề	I	M	Y	À	I	G	H	Ổ	G	Ò	P
K	P	Q	P	D	L	M	D	R	V	V	K	Q	Y	Á	V
V	Ớ	K	H	P	K	N	Q	R	D	B	O	H	M	V	R
Y	U	N	Q	Ạ	I	M	A	B	Ă	N	Á	A	I	Q	H
V	Ò	N	G	T	A	Y	N	U	N	H	P	U	L	A	G
C	O	N	T	H	Ắ	T	L	Ư	N	G	C	M	C	H	B

VÒNG TAY
ÁO CÁNH
QUẦN
GĂNG TAY
MŨ
ÁO KHOÁC
QUẦN JEAN
ĂN
VÒNG CỔ
THỜI TRANG
PAJAMA
THẮT LƯNG
VÁY
DÉP
GIÀY
TẠP DỀ
ÁO SƠ MI
KHĂN QUÀNG CỔ
VỚ
ÁO LEN

74 - Vliegtuigen

D	D	Ơ	C	G	N	Ộ	Đ	H	Ư	Ớ	N	G	G	B	N
T	T	Y	C	Á	I	O	N	K	N	P	D	G	R	Ầ	H
Đ	Í	H	K	G	N	Ô	H	K	N	T	R	K	B	U	I
A	Ổ	Y	I	L	I	H	X	Â	Y	D	Ự	N	G	T	Ê
B	Q	B	T	Ị	L	C	Q	B	Ó	N	G	L	N	R	N
K	A	A	Ộ	C	C	Á	T	U	Q	O	K	V	Ô	Ờ	L
P	L	V	G	H	G	H	H	A	Ạ	V	G	M	C	I	I
H	V	O	R	S	A	K	Y	L	R	T	C	B	I	Y	Ệ
Ó	P	D	B	Ử	R	H	D	Ế	K	T	Ế	I	H	T	U
N	Y	T	A	R	L	N	R	L	R	V	V	G	P	M	B
G	K	B	Y	I	N	À	O	Đ	H	N	À	H	I	H	P
V	O	P	N	R	N	H	I	Ễ	U	L	O	Ạ	N	R	O
T	H	Ờ	I	T	I	Ế	T	C	P	P	R	U	V	N	T
M	D	N	C	H	I	Ề	U	C	A	O	D	I	I	A	T
H	Ạ	X	U	Ố	N	G	Y	P	D	Q	A	O	T	T	B
R	G	M	D	P	U	H	K	O	K	U	D	C	A	Q	R

HẠ XUỐNG
BÓNG
PHI HÀNH ĐOÀN
XÂY DỰNG
NHIÊN LIỆU
LỊCH SỬ
BẦU TRỜI
CHIỀU CAO
PHÓNG
ĐỔ BỘ
KHÔNG KHÍ
ĐỘNG CƠ
THIẾT KẾ
HÀNH KHÁCH
PHI CÔNG
CÁNH QUẠT
HƯỚNG
NHIỄU LOẠN
HYDRO
THỜI TIẾT

75 - Herbalisme

G	O	A	I	Ớ	I	G	H	N	I	K	Á	L	I	X	N
I	T	R	M	K	M	Ị	V	G	N	Ơ	Ư	H	H	Ạ	B
Ấ	Q	Y	E	H	D	I	M	H	Ẩ	V	L	Y	X	H	Q
M	Ế	U	Q	G	N	Ú	H	Ệ	R	M	C	L	A	Ư	C
V	T	Q	I	A	A	I	Ỏ	T	A	K	T	H	N	Ơ	Y
A	U	K	P	T	O	N	K	Â	U	V	T	H	H	N	T
Q	G	M	H	T	H	Y	O	Y	T	G	H	H	Ự	G	H
C	H	Ấ	T	L	Ư	Ợ	N	G	H	M	H	D	T	C	Ơ
V	K	I	R	U	U	A	O	T	Ì	P	B	P	Q	A	M
T	M	U	V	O	P	C	P	Q	L	M	Ù	I	T	Â	Y
U	Q	B	Ư	Y	S	L	N	B	À	L	Ì	H	T	P	Q
I	K	I	Ờ	C	D	E	T	H	À	N	H	P	H	Ầ	N
G	O	H	N	M	V	L	M	U	H	O	K	K	H	M	D
G	N	Ơ	Ư	H	I	Ả	O	A	O	H	P	K	T	H	N
A	V	L	D	K	P	R	T	N	R	N	I	G	R	B	H
Y	C	K	K	B	N	R	K	P	N	Y	I	V	A	Y	H

THƠM
HÚNG QUẾ
HOA
ẨM THỰC
RAU THÌ LÀ
GIẤM
XANH
THÀNH PHẦN
TỎI
CHẤT LƯỢNG
HOA OẢI HƯƠNG
LÁ KINH GIỚI
OREGANO
MÙI TÂY
ROSEMARY
NGHỆ TÂY
HƯƠNG VỊ
XẠ HƯƠNG
VƯỜN
THÌ LÀ

76 - Kracht en Zwaartekracht

K	U	A	M	O	R	I	T	Y	T	U	T	N	C	B	U
H	I	D	O	Y	C	D	A	Q	I	K	V	Ậ	T	L	Ý
Á	Q	D	L	G	T	N	C	Q	N	R	K	G	P	R	D
M	C	N	A	H	Q	N	Ộ	Đ	G	N	Ờ	Ư	C	I	P
P	Ơ	C	K	A	T	N	Đ	N	Ă	N	G	Đ	Ộ	N	G
H	K	U	T	Í	N	H	C	H	Ấ	T	M	R	P	B	A
Á	H	Y	U	R	L	I	Ố	N	A	I	G	I	Ờ	H	T
T	Í	L	Q	M	A	G	T	I	T	Ừ	T	Í	N	H	Ổ
T	R	M	O	G	P	M	Â	T	G	N	U	R	T	B	N
O	Q	Ụ	A	H	G	O	T	H	C	Â	N	N	Ặ	N	G
K	S	T	C	K	H	O	Ả	N	G	C	Á	C	H	M	N
I	H	Ứ	H	D	V	Ạ	D	À	N	B	B	C	C	A	Ộ
Q	O	D	C	T	H	Đ	V	H	Ộ	M	N	B	Y	S	R
I	U	G	K	É	R	Ỹ	G	I	Đ	P	D	L	K	Á	Ở
C	N	M	G	Y	P	U	M	O	Ử	L	M	V	R	T	M
Q	U	D	T	M	P	Q	A	I	C	Y	P	R	U	B	P

KHOẢNG CÁCH
TRỤC
QUỸ ĐẠO
CỬ ĐỘNG
TRUNG TÂM
SỨC ÉP
NĂNG ĐỘNG
TÍNH CHẤT
CÂN NẶNG
TỪ TÍNH

CƠ KHÍ
VẬT LÝ
CƯỜNG ĐỘ
KHÁM PHÁ
HÀNH TINH
TỐC ĐỘ
THỜI GIAN
MỞ RỘNG
PHỔ
MA SÁT

77 - Het Bedrijf

P	T	K	V	C	Q	U	Y	Ế	T	Đ	Ị	N	H	U	G
K	I	I	D	Ô	I	R	Ủ	I	R	O	K	U	O	U	Q
D	Ế	N	T	N	P	N	G	P	C	I	U	O	L	M	U
Q	N	H	I	G	N	Ợ	Ư	L	T	Ấ	H	C	G	B	C
B	B	D	Ề	N	D	Đ	M	B	G	B	T	T	V	Q	H
Q	Ộ	O	N	G	U	A	Ầ	I	A	A	H	B	Q	R	U
O	Y	A	L	H	Q	M	N	U	Q	L	N	N	P	A	Y
A	V	N	Ư	I	A	L	K	H	T	H	A	V	Q	D	Ê
Đ	H	H	Ơ	Ệ	O	A	C	M	T	Ư	O	R	R	A	N
P	Ơ	G	N	P	L	A	H	K	D	I	D	O	C	G	N
L	Q	N	G	N	Ă	N	Ả	H	K	Y	Ế	B	O	T	G
P	I	Ớ	V	V	I	Ệ	C	L	À	M	P	N	K	D	H
C	I	Ư	K	Ị	T	R	Ì	N	H	B	À	Y	G	A	I
M	Ẩ	H	P	N	Ả	S	A	H	B	Y	U	A	U	U	Ệ
Y	N	U	D	U	H	D	M	T	O	À	N	C	Ầ	U	P
P	B	X	M	C	R	L	H	O	S	Á	N	G	T	Ạ	O

QUYẾT ĐỊNH
SÁNG TẠO
ĐƠN VỊ
TOÀN CẦU
CÔNG NGHIỆP
DOANH THU
ĐẦU TƯ
CHẤT LƯỢNG
TIỀN LƯƠNG
KHẢ NĂNG
TRÌNH BÀY
SẢN PHẨM
CHUYÊN NGHIỆP
DANH TIẾNG
RỦI RO
XU HƯỚNG
TIẾN BỘ
VIỆC LÀM
KINH DOANH

78 - Rijden

G	A	R	A	D	L	Ộ	A	T	Ố	C	Đ	Ộ	B	A	C
Í	O	M	K	G	I	B	P	C	Q	M	T	C	Ả	O	Ả
P	H	A	N	H	G	I	Ấ	Y	P	H	É	P	N	U	N
T	B	K	N	I	L	Đ	Q	D	T	M	N	U	Đ	Q	H
U	G	N	Ô	H	T	O	A	I	G	V	G	L	Ồ	H	S
U	R	M	A	N	I	Ơ	H	E	X	X	E	M	Á	Y	Á
T	Q	B	Ơ	C	Ả	Ê	N	D	M	Y	Q	V	U	V	T
Q	A	U	C	N	T	Đ	N	À	O	T	N	A	T	M	P
A	P	I	G	B	E	Ư	I	L	Y	D	U	B	P	V	V
Q	D	D	N	Y	X	Ờ	C	M	I	N	Q	T	K	N	I
N	R	V	Ộ	Ạ	Q	N	M	U	H	Ệ	H	U	L	B	V
K	T	D	Đ	O	N	G	N	Ờ	Ư	Đ	U	Y	D	K	Y
B	M	H	A	D	Ố	H	P	G	N	Ờ	Ư	Đ	L	B	G
H	T	N	R	V	R	Ầ	K	O	M	D	N	T	P	U	O
C	O	N	I	N	V	M	Ể	I	H	Y	U	G	N	O	O
R	Q	C	B	P	M	D	G	B	P	D	H	I	I	M	Q

XE HƠI
NHIÊN LIỆU
GA-RA
KHÍ
NGUY HIỂM
BẢN ĐỒ
GIẤY PHÉP
ĐỘNG CƠ
XE MÁY
TAI NẠN
CẢNH SÁT
PHANH
TỐC ĐỘ
ĐƯỜNG PHỐ
ĐƯỜNG HẦM
AN TOÀN
GIAO THÔNG
ĐI BỘ
XE TẢI
ĐƯỜNG

79 - Wetenschap

C	U	G	L	G	N	R	I	K	G	A	M	B	K	N	T
R	Â	N	M	Ệ	I	H	G	N	Í	H	T	V	H	V	H
I	B	Y	P	D	O	Ả	T	A	G	R	Y	T	O	T	I
Y	L	T	Á	P	V	Ế	T	C	Ự	H	T	U	Á	N	Ê
A	U	Ậ	H	Í	H	K	Ấ	H	D	H	L	T	N	H	N
Y	Ó	V	P	P	K	C	H	Q	U	C	Y	U	G	À	N
K	B	H	G	I	Q	C	C	R	Y	Y	T	K	S	K	H
B	Ử	T	N	Â	H	P	A	H	C	G	Ế	C	Ả	H	I
C	V	U	Ơ	Ế	B	I	Ó	O	L	V	V	T	N	O	Ê
N	Y	I	Ư	U	I	T	H	Y	U	P	Ậ	H	P	A	N
Y	K	R	H	Ó	A	T	H	Ạ	C	H	T	Ạ	L	H	I
I	B	A	P	I	B	R	C	C	L	P	L	T	L	Ọ	C
T	R	Ọ	N	G	L	Ự	C	V	Y	B	Ý	G	P	C	A
N	G	U	Y	Ê	N	T	Ử	D	Ữ	L	I	Ệ	U	P	P
U	U	K	D	C	H	V	L	P	T	A	P	L	P	T	P
Q	U	A	N	S	Á	T	Y	Q	R	C	M	Y	C	V	P

NGUYÊN TỬ
HÓA CHẤT
HẠT
TIẾN HÓA
THÍ NGHIỆM
THỰC TẾ
HÓA THẠCH
DỮ LIỆU
GIẢ THUYẾT
KHÍ HẬU
PHƯƠNG PHÁP
KHOÁNG SẢN
PHÂN TỬ
THIÊN NHIÊN
VẬT LÝ
QUAN SÁT
CÂY
NHÀ KHOA HỌC
TRỌNG LỰC

80 - Natuurkunde

M	U	P	C	L	B	C	T	N	K	Ơ	C	G	N	Ộ	Đ
Ở	P	G	N	T	I	H	L	G	G	G	V	Ơ	T	Q	G
R	U	H	N	Í	T	Ừ	T	U	I	V	G	C	K	M	D
Ộ	U	B	Â	I	G	L	K	Y	A	P	H	Ổ	R	H	M
N	Ạ	O	L	N	Ỗ	H	H	Ê	T	K	I	V	B	T	Í
G	M	T	M	C	T	K	Ố	N	Ố	S	N	Ầ	T	R	H
M	C	G	A	B	D	Ử	I	T	C	O	A	R	H	Ọ	K
Ệ	U	K	M	T	G	T	L	Ử	Ứ	B	C	V	Ó	N	Q
I	Y	N	U	B	G	N	Ư	V	H	A	D	Y	A	G	U
H	O	K	G	Q	V	Ệ	Ợ	Y	T	H	M	H	C	L	I
G	V	Q	K	Y	H	I	N	B	G	N	O	G	H	Ự	C
N	D	M	T	R	G	Đ	G	T	N	B	A	H	Ấ	C	V
Í	H	Q	P	K	B	P	C	K	Ô	B	G	G	T	M	G
H	T	M	Y	L	L	L	U	I	C	M	Ậ	T	Đ	Ộ	B
T	Ạ	K	L	D	B	R	P	D	I	N	N	C	R	I	L
T	Q	T	N	N	I	L	T	Ố	C	Đ	Ộ	R	H	H	I

NGUYÊN TỬ
HỖN LOẠN
HÓA CHẤT
HẠT
MẬT ĐỘ
ĐIỆN TỬ
THÍ NGHIỆM
CÔNG THỨC
TẦN SỐ
KHÍ
TỪ TÍNH
KHỐI LƯỢNG
CƠ KHÍ
PHÂN TỬ
ĐỘNG CƠ
TỐC ĐỘ
MỞ RỘNG
PHỔ
GIA TỐC
TRỌNG LỰC

81 - Muziekinstrumenten

O	I	R	C	G	H	U	D	M	U	H	G	Y	V	T	Đ
M	V	N	L	B	L	T	O	Ư	I	H	U	O	N	N	À
I	B	L	A	O	A	R	R	O	Ơ	M	T	L	I	V	N
T	A	B	R	B	A	S	S	Ố	B	N	L	L	G	Õ	G
G	N	Ê	I	H	C	C	Q	H	N	U	G	E	C	K	H
L	I	Đ	N	G	Q	G	K	È	N	G	A	C	A	N	I
Ụ	L	À	E	N	O	B	M	O	R	T	P	D	Ầ	C	T
C	O	N	T	Ô	D	Đ	À	N	H	Ạ	C	T	K	M	A
L	D	V	G	U	G	À	A	C	Y	C	D	V	N	V	C
Ạ	N	I	I	H	L	E	N	O	H	P	O	X	A	S	I
C	A	Ô	B	C	K	M	Q	N	Q	I	N	H	B	U	N
V	M	L	P	Y	D	R	G	Q	H	G	N	U	M	P	O
C	O	Ô	P	V	Y	R	D	Q	G	Ạ	I	R	I	B	M
O	M	N	K	C	K	S	Á	O	N	Y	C	M	R	T	R
T	Q	G	L	M	Y	U	K	H	D	M	Q	H	A	V	A
M	L	L	D	O	U	B	N	D	T	N	N	P	M	R	H

BASS
CELLO
DÀN NHẠC
SÁO
ĐÀN GHI TA
CHIÊNG
ĐÀN HẠC
CLARINET
CHUÔNG
MANDOLIN
MARIMBA
HARMONICA
GÕ
DƯƠNG CẦM
SAXOPHONE
LỤC LẠC
TROMBONE
TRỐNG
KÈN
ĐÀN VI Ô LÔNG

82 - Ethiek

Y	A	U	M	B	O	Q	G	O	M	A	B	K	H	L	K
T	C	N	N	Y	B	C	V	Ị	R	T	Á	I	G	Ò	H
N	Ọ	N	G	O	Ạ	I	G	I	A	O	T	Ê	N	N	O
Â	H	B	A	L	B	Q	H	C	G	U	H	N	Ọ	G	A
H	T	Â	R	I	P	T	Y	Á	Y	M	Ư	N	R	V	N
N	Ế	S	N	L	Ò	N	G	T	Ố	T	Ơ	H	T	Ị	D
Á	I	Ự	A	P	Q	H	Ợ	P	L	Ý	N	Ẫ	N	T	U
C	R	K	U	M	H	G	V	Ợ	H	I	G	N	Ô	H	N
Ự	T	H	Q	T	V	Ẩ	B	H	U	Q	H	Ẹ	T	A	G
H	C	Ô	C	L	C	D	M	M	Q	Y	Ạ	V	D	Q	T
T	T	N	Ạ	P	R	L	P	R	A	V	I	N	K	L	D
G	T	N	L	A	N	A	B	T	C	N	V	À	N	Q	N
N	H	G	D	U	G	V	O	Y	G	N	Y	O	G	P	K
U	A	O	N	H	Â	N	L	O	Ạ	I	Y	T	T	O	M
R	Q	A	N	P	N	N	P	T	Q	L	P	L	V	R	Y
T	T	N	L	M	Y	C	T	N	U	U	R	U	N	U	M

LÒNG VỊ THA
NGOẠI GIAO
TÔN TRỌNG
TRUNG THỰC
TRIẾT HỌC
KIÊN NHẪN
CÁ NHÂN
TOÀN VẸN
THƯƠNG HẠI
NHÂN LOẠI
LẠC QUAN
HỢP LÝ
HỢP TÁC
KHOAN DUNG
LÒNG TỐT
GIÁ TRỊ
NHÂN PHẨM
SỰ KHÔN NGOAN

83 - Antiek

B	Đ	Y	P	A	D	U	B	Đ	I	O	B	D	N	A	K
Đ	I	Ầ	M	P	T	Q	O	Ồ	N	A	I	V	G	B	V
Q	Ồ	N	U	Ụ	V	P	O	N	G	Ỷ	K	Ế	H	T	I
K	H	N	I	T	C	Y	M	G	H	O	C	V	Ệ	S	D
O	C	M	Ộ	Á	Ư	P	G	X	C	Y	Ũ	B	T	A	P
C	Ụ	R	O	I	P	Ậ	T	U	Ư	S	Ộ	B	H	I	C
Y	H	M	R	G	T	Đ	Ấ	U	G	I	Á	R	U	S	H
T	P	O	Q	C	Ậ	H	Y	H	V	T	L	L	Ậ	U	Ấ
G	L	N	M	P	H	N	Ấ	T	A	H	C	M	T	H	T
M	T	K	U	R	T	I	B	T	C	C	Ắ	M	K	T	L
Q	M	O	T	H	A	N	H	L	Ị	C	H	T	H	N	Ư
T	R	A	N	G	T	R	Í	A	R	C	K	O	D	E	Ợ
P	H	O	N	G	C	Á	C	H	T	B	U	T	Y	L	N
N	H	V	B	M	Q	T	U	O	Á	U	Ê	Q	G	Y	G
U	L	U	V	V	C	A	N	L	I	P	I	U	O	C	O
Y	D	G	L	N	G	A	M	R	G	A	Đ	Q	Y	M	N

THẬT
ĐIÊU KHẮC
TRANG TRÍ
THẾ KỶ
THANH LỊCH
BỘ SƯU TẬP
ĐẦU TƯ
MỤC
NGHỆ THUẬT
CHẤT LƯỢNG
ENTHUSIAST
ĐỒ NỘI THẤT
ĐỒNG XU
CŨ
GIÁ
PHỤC HỒI
PHONG CÁCH
ĐẤU GIÁ
THU
GIÁ TRỊ

84 - Activiteiten en Vrije Ti

M	U	I	C	Q	H	R	D	L	I	G	L	K	B	I	T
P	M	Ộ	U	D	U	B	Y	T	A	V	À	Y	Ó	U	D
G	O	L	F	G	N	Y	U	Ợ	A	R	M	G	N	R	N
U	B	I	M	R	M	N	Ề	V	N	N	V	I	G	O	G
N	P	Ơ	N	N	Ổ	R	G	N	Ó	B	Ư	B	C	Y	V
O	T	B	T	I	K	D	H	Ầ	A	A	Ờ	Ó	H	A	A
H	T	P	A	H	Y	C	G	U	A	N	N	N	U	M	P
R	Ậ	K	Q	N	Ư	U	U	Q	L	B	H	G	Y	B	M
D	U	L	Ị	C	H	G	U	B	Ư	Ó	C	Đ	Ề	R	P
O	H	H	L	G	C	O	I	Q	Ớ	N	Í	Á	N	L	A
B	T	U	V	U	T	M	Ạ	Ã	T	G	H	C	R	U	D
H	Ệ	M	U	C	D	R	R	V	N	C	T	U	Y	V	Y
A	H	L	R	K	O	I	T	Y	Q	H	Ở	Â	P	T	B
Q	G	T	Ặ	P	L	O	M	B	Q	À	S	C	M	L	R
G	N	M	A	N	D	B	Ắ	H	M	Y	D	G	C	V	R
K	H	P	R	G	K	N	C	B	Ứ	C	T	R	A	N	H

BÓNG RỔ
QUYỀN ANH
LẶN
GOLF
CÂU CÁ
SỞ THÍCH
BÓNG CHÀY
CẮM TRẠI
NGHỆ THUẬT
THƯ GIÃN
DU LỊCH
BỨC TRANH
LƯỚT
QUẦN VỢT
LÀM VƯỜN
BÓNG ĐÁ
BÓNG CHUYỀN
BƠI LỘI

85 - Water

U	V	N	S	D	K	A	K	Ồ	H	K	O	K	G	C	C
U	K	Ư	Ư	P	N	U	U	G	N	Ơ	Ư	D	I	Ạ	Đ
T	Ê	Ớ	Ơ	M	M	O	A	D	Y	Q	I	C	B	A	V
U	N	C	N	L	L	V	C	Q	Y	P	M	N	Y	Q	U
Y	H	Đ	G	N	V	Y	Ò	G	K	O	M	S	Ư	M	Y
Ế	I	Á	G	C	L	K	G	I	I	Y	Ư	Ô	U	Ớ	L
T	M	I	I	A	Ũ	A	B	Ợ	H	Ó	A	N	D	N	C
T	L	R	Á	P	L	R	A	L	Y	O	M	G	N	Ố	U
M	R	E	B	K	Ụ	Đ	G	Y	U	Q	A	Ù	T	D	N
M	L	S	U	O	T	Ộ	A	Ủ	R	M	R	S	A	B	S
B	A	Y	H	Ơ	I	Ẩ	T	H	L	V	K	H	E	U	Ó
G	G	E	R	O	Q	M	O	T	O	G	I	V	O	N	N
V	Q	G	Q	R	V	C	Ơ	N	B	Ã	O	K	V	C	G
K	T	T	L	M	B	M	I	B	B	C	B	P	B	Q	H
M	V	H	A	T	G	I	T	I	D	A	R	I	M	K	T
H	G	K	R	T	U	H	M	V	V	R	K	N	Y	G	P

VÒI HOA SEN
UỐNG
GEYSER
SÓNG
NƯỚC ĐÁ
THỦY LỢI
KÊNH
HỒ
GIÓ MÙA
ĐẠI DƯƠNG
CƠN BÃO
LŨ LỤT
MƯA
SÔNG
TUYẾT
HƠI NƯỚC
BAY HƠI
ĐỘ ẨM
SƯƠNG GIÁ

86 - Koffie

G	K	C	K	Q	T	O	R	B	D	Y	M	D	M	K	R
R	T	N	Q	Q	X	A	Y	Ộ	C	N	O	N	G	P	T
H	Y	V	B	L	T	Ữ	O	L	U	R	K	K	D	A	T
B	I	D	K	H	C	S	T	Ọ	H	Ư	Ơ	N	G	V	Ị
R	U	Q	I	T	G	Q	H	C	Ố	G	U	P	N	A	H
A	T	Ổ	I	O	I	G	T	H	H	I	T	N	Ắ	L	L
N	H	C	I	K	Á	Y	H	P	V	I	T	P	Đ	A	R
G	Ơ	U	N	S	E	N	I	E	F	F	A	C	Ớ	Ư	N
Đ	M	Q	D	N	Á	M	V	A	L	L	O	C	C	Đ	U
Y	Ư	I	C	L	A	N	O	Q	L	C	M	V	U	Ồ	P
H	R	Ờ	C	M	V	I	G	Q	Q	V	P	Y	Ố	U	G
R	P	I	N	L	K	U	U	M	Q	R	O	I	N	Ố	M
A	M	D	A	G	N	Ỏ	L	T	Ấ	H	C	C	G	N	D
C	A	R	P	N	G	U	C	Đ	O	L	C	Ố	C	G	Y
O	U	H	G	Y	L	M	T	E	D	A	G	C	P	V	C
P	Q	D	O	G	T	P	V	N	O	P	K	B	N	T	G

THƠM
CỐC
ĐẮNG
CAFFEINE
ĐỒ UỐNG
UỐNG
BỘ LỌC
RANG
XAY
SỮA
BUỔI SÁNG
GỐC
GIÁ
KEM
HƯƠNG VỊ
ĐƯỜNG
CHẤT LỎNG
NƯỚC
ĐEN

87 - Schaken

P	D	A	Y	G	C	Q	N	C	H	N	R	O	T	Q	G
P	B	V	B	K	L	M	H	L	D	P	M	B	U	U	I
T	H	Ờ	I	G	I	A	N	I	P	Đ	I	Ể	M	Á	Ả
G	I	D	C	O	K	D	U	A	U	P	H	A	P	N	I
B	Ơ	L	G	D	K	H	R	Q	U	Y	T	Ắ	C	Q	Đ
T	H	Ô	N	G	M	I	N	H	Q	V	C	H	Ợ	U	Ấ
A	C	H	Y	S	I	N	H	P	H	Q	Ộ	D	Ư	Â	U
P	I	T	H	H	I	P	O	U	R	D	U	R	L	N	D
R	Ờ	T	Q	L	G	Ơ	É	T	N	H	C	A	N	L	A
L	Ư	M	R	H	N	Ữ	H	O	À	N	G	M	Ế	M	M
V	G	R	T	O	Ộ	M	C	C	D	C	Đ	C	I	L	L
K	N	K	R	H	Đ	G	G	I	Ò	Y	E	C	H	K	M
R	H	D	Ắ	P	Ụ	A	N	D	O	R	N	R	C	N	T
K	D	Q	N	B	H	U	Ờ	Đ	Ố	I	T	H	Ủ	G	A
R	M	R	G	L	T	A	Ư	L	Q	I	L	K	A	R	M
D	O	P	L	Q	C	V	Đ	D	V	C	C	M	T	N	T

ĐƯỜNG CHÉO
QUÁN QUÂN
VUA
NỮ HOÀNG
HY SINH
THỤ ĐỘNG
ĐIỂM
QUY TẮC
THÔNG MINH
TRÒ CHƠI
NGƯỜI CHƠI
CHIẾN LƯỢC
ĐỐI THỦ
THỜI GIAN
GIẢI ĐẤU
CUỘC THI
TRẮNG
ĐEN

88 - Boerderij #1

N	N	Ó	B	N	Â	H	P	B	U	I	C	P	M	I	A
À	Ư	Ô	O	A	I	M	M	Y	D	A	G	A	Q	C	L
Đ	R	Ớ	N	Ự	D	K	B	C	O	N	O	N	G	O	K
U	Y	I	C	G	B	P	R	I	È	Â	À	B	Ò	N	K
Ê	C	P	R	N	N	A	Q	V	M	H	R	Y	Q	Q	H
D	P	O	U	A	G	G	Ó	G	N	C	G	Q	Q	U	V
D	O	C	Ô	D	Q	N	H	D	O	P	N	N	P	Ạ	Y
D	Ạ	N	H	Q	P	Ờ	C	I	C	Ắ	À	G	À	D	Q
B	G	H	K	P	H	Ư	O	R	Ệ	B	H	N	Q	C	G
H	B	R	Ỏ	E	P	R	R	T	B	P	C	O	B	I	D
C	V	N	C	B	Y	T	M	O	N	Q	H	T	A	Q	O
H	Ạ	T	G	I	Ố	N	G	C	P	R	K	Ậ	Y	N	T
V	Q	M	U	G	O	U	P	A	B	G	I	M	C	R	H
B	O	P	T	B	H	N	Q	G	R	H	V	T	H	H	L
D	T	U	P	D	Y	O	Y	L	D	G	R	C	A	R	B
B	G	N	C	V	A	I	T	I	Q	T	T	N	I	I	P

CON ONG
DONKEY
DÊ
HÀNG RÀO
CHÓ
MẬT ONG
CỎ KHÔ
BẮP CHÂN
CON MÈO
GÀ
BÒ
CON QUẠ
ĐÀN
NÔNG NGHIỆP
PHÂN BÓN
NGỰA
GẠO
TRƯỜNG
NƯỚC
HẠT GIỐNG

89 - Huis

B	K	P	N	P	V	M	I	U	A	C	G	H	L	T	L
C	O	N	B	À	H	N	I	Á	M	H	A	H	A	A	K
L	Ò	S	Ư	Ở	I	Ò	I	B	Q	Ổ	R	C	U	G	H
V	T	Ấ	H	T	I	Ộ	N	Ồ	Đ	I	A	L	V	M	Y
N	H	À	B	Ế	P	U	È	G	N	Ơ	Ư	G	K	V	Q
C	V	G	T	L	G	K	Đ	Ủ	G	N	G	N	Ò	H	P
T	H	Ả	M	I	O	N	T	M	T	B	M	Ờ	V	N	V
V	Ò	I	H	O	A	S	E	N	Ầ	R	T	Ư	Ư	U	U
G	A	Ó	Y	À	Y	O	T	O	R	H	Y	T	Ờ	T	I
C	N	H	O	R	C	Ử	A	H	A	I	G	N	N	I	R
U	B	K	P	G	N	N	U	N	Ư	R	T	N	P	Y	C
I	B	G	R	N	H	G	A	O	M	V	U	N	Ằ	B	D
T	O	N	T	À	P	O	C	L	U	Y	I	D	O	T	P
L	O	Ố	V	H	R	D	L	Y	U	H	A	Ệ	Q	U	A
O	V	L	T	O	P	M	Q	T	O	T	R	C	N	C	P
N	M	R	L	L	U	M	T	G	B	U	P	G	N	B	C

CHỔI
THƯ VIỆN
MÁI NHÀ
CỬA
VÒI HOA SEN
GA-RA
LÒ SƯỞI
HÀNG RÀO
PHÒNG
TẦNG HẦM
NHÀ BẾP
ĐÈN
ĐỒ NỘI THẤT
TƯỜNG
TRẦN
ỐNG KHÓI
PHÒNG NGỦ
GƯƠNG
THẢM
VƯỜN

90 - Geometrie

I	C	U	A	C	K	G	N	Ứ	Đ	G	N	Ẳ	H	T	Đ
D	N	V	M	T	T	Ế	Y	U	H	T	C	Ọ	H	R	Ư
M	D	D	O	U	U	B	A	T	Ợ	R	Ó	B	A	U	Ờ
C	H	I	Ề	U	C	A	O	N	P	I	G	Y	Q	N	N
Q	K	Y	C	B	I	C	Y	G	L	P	I	K	L	G	G
Đ	K	G	L	G	U	O	H	C	Ý	L	I	Q	N	B	K
K	Ư	A	Q	T	K	Í	C	H	T	H	Ư	Ớ	C	Ì	Í
H	Đ	Ờ	D	C	A	B	D	I	M	M	R	K	A	N	N
Ú	Ố	V	N	Ó	L	M	Ề	B	H	I	Y	K	A	H	H
C	I	Ò	Á	G	P	B	G	M	T	N	T	L	N	O	V
L	X	N	O	G	C	R	P	I	Ặ	L	C	G	O	Q	T
Y	Ứ	G	T	N	I	O	K	N	Á	T	D	N	U	T	T
N	N	T	H	Ô	L	U	N	Q	N	C	T	A	T	K	I
A	G	R	N	U	D	A	Q	G	N	O	S	G	N	O	S
L	M	Ò	Í	V	K	H	Ố	I	L	Ư	Ợ	N	G	V	B
P	B	N	T	P	H	Ư	Ơ	N	G	T	R	Ì	N	H	Q

TÍNH TOÁN
VÒNG TRÒN
ĐƯỜNG CONG
ĐƯỜNG KÍNH
KÍCH THƯỚC
TAM GIÁC
GÓC
CHIỀU CAO
NGANG
HỢP LÝ
VUÔNG GÓC
KHỐI LƯỢNG
TRUNG BÌNH
BỀ MẶT
SONG SONG
KHÚC
ĐỐI XỨNG
HỌC THUYẾT
PHƯƠNG TRÌNH
THẲNG ĐỨNG

91 - Jazz

A	O	L	O	B	Y	V	G	N	V	O	H	G	T	T	T
K	Ỹ	T	H	U	Ậ	T	O	A	D	M	P	Y	C	H	À
B	C	Y	Y	R	A	O	Q	I	C	C	C	R	Ạ	Ể	I
L	À	U	Ê	I	C	P	C	Ũ	Ạ	C	Ạ	R	H	L	N
I	P	I	A	U	T	H	À	N	H	P	H	Ầ	N	O	Ă
R	U	Ớ	H	N	T	B	G	P	N	R	N	O	A	Ạ	N
M	P	M	C	Á	T	H	V	Q	M	N	N	M	Ò	I	G
Y	L	P	Q	B	T	N	Í	I	Â	M	À	A	H	N	N
K	H	L	D	M	P	A	G	C	L	R	D	Ả	I	H	Ứ
P	K	K	M	T	G	D	N	H	H	Y	L	N	Ổ	Ấ	H
Y	O	R	T	U	Q	I	I	O	Ệ	U	R	H	U	N	B
A	L	B	U	M	V	Ổ	P	T	Y	S	G	H	B	M	M
G	H	C	Á	C	G	N	O	H	P	G	Ĩ	Ư	N	Ạ	N
L	D	K	N	P	C	O	K	P	G	B	K	Ở	Y	N	H
M	A	C	Ạ	H	N	N	Ạ	O	S	À	H	N	R	H	Ị
Y	B	Y	H	G	L	D	I	Y	A	Q	R	G	V	T	P

ALBUM
NGHỆ SĨ
NỔI DANH
NHÀ SOẠN NHẠC
BUỔI HÒA NHẠC
YÊU THÍCH
THỂ LOẠI
HỨNG
ẢNH HƯỞNG
BÀI HÁT
ÂM NHẠC
NHẤN MẠNH
MỚI
DÀN NHẠC
CŨ
NHỊP
THÀNH PHẦN
PHONG CÁCH
TÀI NĂNG
KỸ THUẬT

92 - Getallen

G	N	Y	M	D	N	D	D	I	N	P	Q	M	L	R	M
P	N	N	U	G	G	L	V	R	M	T	R	O	R	Y	Ư
M	Ư	Ờ	I	B	Ả	Y	Y	H	K	K	K	U	R	H	Ờ
V	D	G	K	Y	Q	U	D	T	R	C	K	D	N	C	I
M	Y	M	U	M	Á	T	V	K	H	L	D	L	R	K	T
Ư	C	P	K	Ă	Ộ	A	T	P	K	T	V	D	N	G	Á
Ờ	Q	Y	B	N	D	T	M	Ư	Ờ	I	C	H	Í	N	M
I	V	P	Ả	Ố	U	Q	Q	A	Y	A	H	T	H	Ô	M
L	B	B	V	B	T	Y	Q	P	H	H	A	Y	C	H	Ư
Ă	Q	M	U	T	R	B	B	C	C	G	I	R	Q	K	Ờ
M	I	Ờ	Ư	M	Ư	Ờ	I	S	Á	U	M	V	U	Ố	I
U	Y	L	D	Ờ	M	Ư	Ờ	I	B	A	Ư	U	Á	S	B
Q	L	I	L	A	I	P	K	R	U	T	Ơ	P	L	N	Ố
Y	V	T	B	D	R	H	V	R	P	T	I	C	B	D	N
R	Y	K	N	N	B	K	A	N	Q	N	U	G	N	L	V
H	N	U	R	L	H	K	B	I	M	K	P	A	K	H	R

TÁM
MƯỜI TÁM
MƯỜI BA
BA
MỘT
CHÍN
MƯỜI CHÍN
SỐ KHÔNG
MƯỜI
MƯỜI HAI
HAI
HAI MƯƠI
MƯỜI BỐN
BỐN
NĂM
MƯỜI LĂM
SÁU
MƯỜI SÁU
BẢY
MƯỜI BẢY

93 - Boksen

N	H	A	N	H	G	V	L	K	N	H	C	Ơ	T	H	Ể
M	O	T	L	Ĩ	C	N	N	P	N	G	Ủ	G	B	V	B
M	Q	B	U	Q	S	Ứ	C	M	Ạ	N	H	M	D	Q	O
C	I	T	I	U	L	U	D	Ằ	C	B	T	T	C	Q	G
N	G	T	I	H	M	Q	Ấ	C	Ó	G	I	I	L	D	R
Đ	Á	C	À	V	N	G	Y	Đ	O	K	Ố	A	D	G	M
Q	Y	A	T	U	Ỷ	U	H	K	P	N	Đ	T	Â	D	V
G	I	Q	G	N	Ô	U	H	C	K	U	C	D	Y	O	A
C	H	Ấ	N	T	H	Ư	Ơ	N	G	I	R	K	T	Q	H
D	Ứ	U	Ọ	P	H	Ụ	C	H	Ồ	I	G	Ỹ	H	R	K
O	P	S	R	A	M	R	A	N	N	C	Ă	N	Ừ	O	V
C	M	O	T	Đ	H	G	B	D	Q	B	N	Ă	N	C	A
Q	P	T	I	Ệ	I	K	B	U	A	K	G	N	G	A	U
M	T	G	Y	C	I	Ể	P	V	D	C	T	G	G	G	T
A	K	R	R	B	C	K	M	H	U	Y	A	T	M	Ắ	N
T	I	Ê	U	Đ	I	Ể	M	B	G	G	Y	P	Q	G	Y

KHUỶU TAY
TIÊU ĐIỂM
GĂNG TAY
PHỤC HỒI
GÓC
CẰM
CHUÔNG
SỨC MẠNH
CƠ THỂ
ĐIỂM
TRỌNG TÀI
ĐÁ
NHANH
ĐỐI THỦ
DÂY THỪNG
KIỆT SỨC
KỸ NĂNG
ĐẤU SĨ
CHẤN THƯƠNG
NẮM TAY

94 - Boerderij #2

P	Y	M	K	K	C	L	T	B	R	V	T	B	B	Đ	G
H	M	L	D	I	Ừ	Ú	G	T	O	H	Ị	I	T	Ồ	Q
N	G	Ỗ	N	G	U	A	Ữ	S	N	G	Ô	T	C	N	L
U	V	T	Í	Q	D	M	Ự	H	K	M	H	C	N	G	L
Đ	U	Ẻ	H	T	B	Ạ	T	V	T	Ổ	O	N	G	C	T
G	Ộ	O	C	Y	Â	C	I	Á	R	T	I	P	D	Ở	R
G	D	N	Ă	C	Ứ	H	T	A	R	Q	N	V	R	M	A
M	G	P	G	V	T	G	N	Y	R	A	U	L	B	Á	L
C	M	V	A	V	C	Ố	I	X	A	Y	G	I	Ó	Y	L
L	R	Y	Y	G	Ậ	O	U	I	P	T	M	R	T	K	Ú
I	Ợ	L	Y	Ủ	H	T	R	O	C	B	V	K	P	É	A
R	B	T	H	P	H	T	D	T	O	O	P	N	Q	O	M
B	V	G	B	N	D	A	A	Q	K	A	P	H	U	V	Ì
R	Q	B	P	D	R	Y	G	Y	O	N	Y	D	C	A	H
N	Ô	N	G	D	Â	N	I	G	T	L	K	H	H	I	D
H	V	D	L	G	Q	H	V	N	B	T	R	H	R	V	A

TỔ ONG
NÔNG DÂN
THẺ
ĐỘNG VẬT
VỊT
TRÁI CÂY
NGỖNG
LÚA MẠCH
RAU
THỦY LỢI
NGÔ
SỮA
CHÍN
CỪU
VỰA
LÚA MÌ
MÁY KÉO
THỨC ĂN
ĐỒNG CỎ
CỐI XAY GIÓ

95 - Psychologie

L	Â	M	S	À	N	G	N	U	N	U	Ý	C	T	R	R
T	H	Ự	C	T	Ế	O	T	H	T	M	T	L	R	U	Y
Q	I	Y	K	I	H	Y	V	U	A	Q	Ư	V	Ị	C	L
Ơ	K	I	N	H	N	G	H	I	Ệ	M	Ở	I	L	P	M
M	A	Q	M	P	A	P	U	R	K	Y	N	C	I	M	Y
C	G	R	B	D	R	L	Q	P	K	D	G	T	Ệ	G	Q
Ấ	U	V	D	C	D	O	I	L	N	D	C	H	U	K	B
I	G	Ộ	O	C	T	V	R	T	Y	O	Ả	Ờ	L	G	X
G	B	L	C	Ứ	H	À	N	H	V	I	M	I	U	C	U
N	Ấ	U	P	H	C	K	C	D	P	Ô	G	T	K	Ả	N
Ở	T	M	G	T	Ẹ	Á	O	Y	G	T	I	H	T	M	G
Ư	T	G	V	N	R	N	T	K	L	I	Á	Ơ	N	X	Đ
H	Ỉ	T	B	Ậ	B	K	B	Í	G	Á	C	Ấ	O	Ú	Ộ
H	N	V	D	H	U	L	V	B	N	C	Y	U	N	C	T
N	H	V	Ấ	N	Đ	Ề	D	P	Ĩ	H	G	N	Y	U	S
Ả	V	T	P	Đ	Á	N	H	G	I	Á	C	C	N	K	T

CUỘC HẸN
ĐÁNH GIÁ
BẤT TỈNH
NHẬN THỨC
XUNG ĐỘT
GIẤC MƠ
CÁI TÔI
CẢM XÚC
KINH NGHIỆM
SUY NGHĨ
HÀNH VI
CẢM GIÁC
Ý TƯỞNG
ẢNH HƯỞNG
THỜI THƠ ẤU
LÂM SÀNG
CÁ TÍNH
VẤN ĐỀ
THỰC TẾ
TRỊ LIỆU

96 - Elektriciteit

S	B	K	H	Y	U	O	B	Q	Q	G	Q	V	L	B	N
I	Ố	I	G	N	Ợ	Ư	T	I	Ố	Đ	C	Y	T	V	K
P	D	L	H	Y	N	Ễ	I	Đ	Ợ	H	T	R	H	H	A
G	R	D	Ư	C	L	Y	Ê	N	U	A	N	G	I	A	O
M	Q	H	M	Ợ	U	V	U	H	A	L	A	N	Ế	I	U
Ắ	Á	L	D	I	N	P	C	B	Q	Q	N	H	T	L	P
C	B	Y	U	Ạ	I	G	Ự	K	B	Y	D	D	B	A	U
Ổ	V	V	P	O	P	C	C	G	O	O	K	Â	Ị	S	K
A	R	I	M	H	M	Á	L	Ư	U	T	R	Ữ	Y	E	G
N	I	G	M	T	Á	P	N	A	M	C	H	Â	M	R	T
B	H	T	M	N	P	T	È	A	G	H	A	N	C	K	Í
P	P	B	C	Ệ	C	H	Đ	G	Q	R	K	T	G	H	C
C	K	L	P	I	D	B	C	I	M	N	Q	Y	L	G	H
D	D	H	H	Đ	C	C	G	N	Ệ	I	Đ	C	U	U	C
V	O	Q	N	N	C	Y	N	P	G	N	Ạ	M	P	C	Ự
U	C	U	N	H	K	Q	N	L	Y	A	V	O	C	I	C

PIN
THIẾT BỊ
DÂY
THỢ ĐIỆN
ĐIỆN
MÁY PHÁT ĐIỆN
SỐ LƯỢNG
CÁP
ĐÈN
LASER
NAM CHÂM
TIÊU CỰC
MẠNG
ĐỐI TƯỢNG
LƯU TRỮ
TÍCH CỰC
Ổ CẮM
ĐIỆN THOẠI

97 - Zakelijk

C	V	N	C	Q	N	L	O	P	K	V	N	Ề	I	T	T
N	Ử	T	G	H	N	B	M	N	I	Ă	H	Q	P	O	I
H	G	A	Ư	Â	I	C	D	U	N	N	Â	H	D	M	Ề
À	I	N	T	H	N	P	Y	O	H	P	N	D	R	A	N
M	A	G	U	I	M	S	H	Y	T	H	V	N	T	T	T
Á	O	G	Ầ	N	Ệ	U	Á	Í	Ế	Ò	I	B	Á	N	Ệ
Y	D	U	Đ	T	A	M	T	C	D	N	Ê	B	O	G	B
D	Ị	B	P	H	A	P	Ệ	I	H	G	N	Ề	H	G	N
D	C	M	P	U	N	H	O	Y	N	C	Ô	N	G	T	Y
U	H	H	O	Ế	Y	L	H	P	Í	A	A	N	H	P	V
T	H	U	N	H	Ậ	P	P	D	H	N	D	P	H	L	O
A	C	H	Ủ	N	H	Â	N	N	C	C	O	U	H	I	H
L	Ợ	I	N	H	U	Ậ	N	Á	I	G	M	Ả	I	G	H
H	O	H	C	V	K	K	Y	K	À	B	A	C	R	U	B
P	G	Y	H	T	T	C	Q	I	T	P	D	P	D	A	T
H	I	A	A	N	Q	P	C	C	C	B	A	R	M	A	A

CÔNG TY
NGÂN SÁCH
THUẾ
NGHỀ NGHIỆP
KINH TẾ
NHÀ MÁY
TÀI CHÍNH
TIỀN
THU NHẬP
ĐẦU TƯ

VĂN PHÒNG
GIẢM GIÁ
CHI PHÍ
GIAO DỊCH
TIỀN TỆ
BÁN
CHỦ NHÂN
NHÂN VIÊN
CỬA TIỆM
LỢI NHUẬN

98 - Voeding

K	B	V	G	Q	E	Ỏ	H	K	C	Ứ	S	Q	E	N	Ă
G	N	Ặ	N	N	Â	C	A	Ó	H	U	Ê	I	T	Ư	N
N	N	P	R	I	O	A	N	P	Ấ	O	U	R	A	Ớ	Đ
Ê	D	U	D	M	L	G	T	R	T	A	O	P	R	C	Ư
I	I	R	Y	A	A	O	N	O	L	K	H	M	D	X	Ợ
K	M	M	T	T	C	I	N	T	Ư	K	Q	D	Y	Ố	C
N	K	G	Ị	I	I	N	P	E	Ợ	P	Y	K	H	T	V
Ă	M	P	Ị	V	A	I	G	I	N	M	D	M	O	R	P
C	K	U	H	M	G	B	L	N	G	N	K	Q	B	P	K
K	H	Ỏ	E	M	Ạ	N	H	Ê	H	L	D	P	R	O	R
C	Â	N	B	Ằ	N	G	Ơ	H	N	H	U	L	A	L	N
Đ	Ộ	C	T	Ố	Q	U	Y	Ư	M	M	D	V	C	L	U
Q	C	H	Ấ	T	L	Ỏ	N	G	H	Q	E	C	T	B	Y
Q	R	A	H	Q	N	Q	R	P	A	P	K	N	D	Y	D
C	A	N	V	C	V	K	I	R	I	P	M	M	K	O	R
V	T	N	I	V	N	K	B	K	G	V	L	Đ	Ắ	N	G

ĐẮNG
CALO
ĂN KIÊNG
ĂN ĐƯỢC
NGON
PROTEIN
CÂN BẰNG
LÊN MEN
CÂN NẶNG
KHỎE MẠNH
SỨC KHỎE
CARBOHYDRATE
CHẤT LƯỢNG
NƯỚC XỐT
HƯƠNG VỊ
GIA VỊ
TIÊU HÓA
ĐỘC TỐ
VITAMIN
CHẤT LỎNG

99 - Chemie

P	H	L	U	N	R	G	L	L	L	I	Í	H	K	I	P
H	I	G	R	Q	I	P	P	Y	L	L	D	Y	X	Ô	H
Ả	G	Q	Q	M	Y	G	T	G	R	O	R	D	C	M	Â
N	O	B	R	A	C	C	N	H	I	Ệ	T	R	P	G	N
Ứ	P	P	Q	V	O	L	K	Ỏ	C	K	A	O	L	C	T
N	O	I	L	I	D	I	Ạ	O	L	M	I	K	O	K	Ử
G	G	A	O	G	R	V	N	H	E	T	H	Ữ	U	C	Ơ
N	M	C	U	I	G	R	O	N	N	Y	Ấ	T	O	G	Đ
Ặ	Ề	U	H	H	Q	O	V	O	Z	D	B	H	I	K	I
N	I	C	Ố	B	I	C	U	T	Y	K	G	H	C	K	Ệ
N	K	L	L	I	A	A	L	H	M	L	I	T	N	M	N
Â	Y	K	M	U	O	X	K	C	E	B	K	N	L	P	T
C	B	K	Q	P	H	Y	I	N	H	I	Ệ	T	Đ	Ộ	Ử
A	Y	B	L	T	U	C	Á	T	C	Ú	X	T	Ấ	H	C
U	R	N	C	O	Y	L	V	K	T	V	A	M	Y	G	O
P	D	D	A	P	D	Y	M	B	N	V	K	C	G	L	C

KIỀM
CLO
ĐIỆN TỬ
ENZYME
KHÍ
CÂN NẶNG
ION
CHẤT XÚC TÁC
CARBON
KIM LOẠI
PHÂN TỬ
HỮU CƠ
PHẢN ỨNG
NHIỆT ĐỘ
CHẤT LỎNG
NHIỆT
HYDRO
MUỐI
AXIT
ÔXY

1 - Metingen

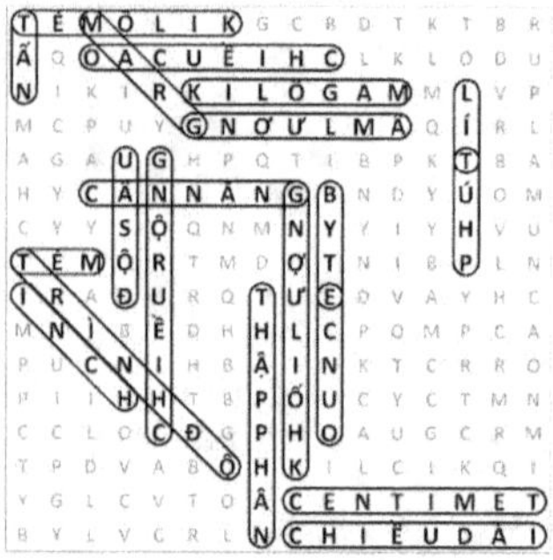

2 - Opwarming van de Aarde

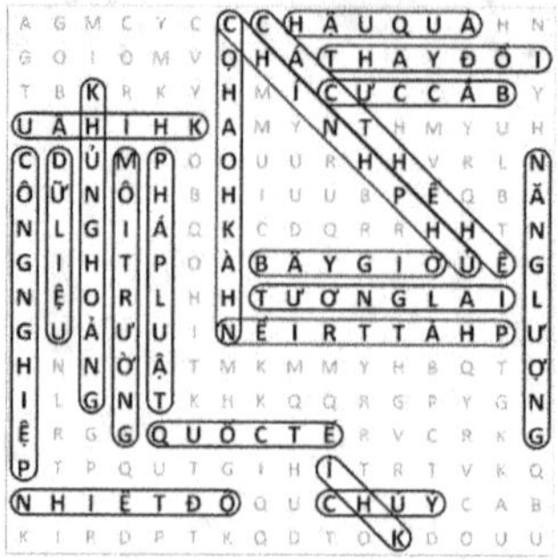

3 - Boten

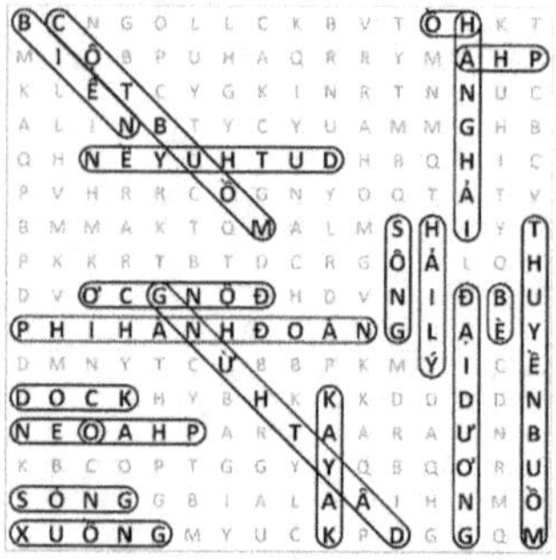

4 - Chocolade

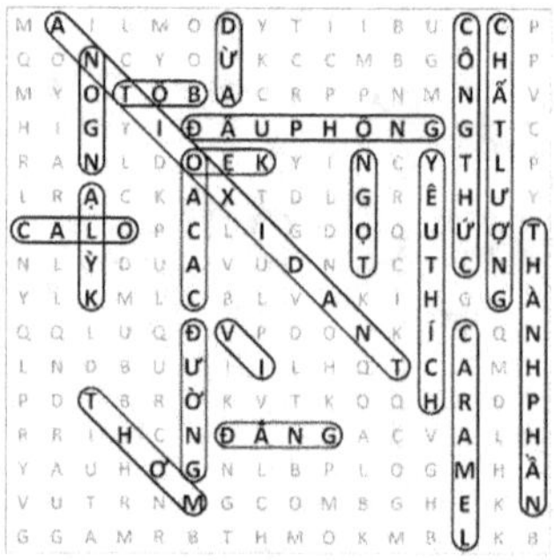

5 - Gezondheid en Welzijn #2

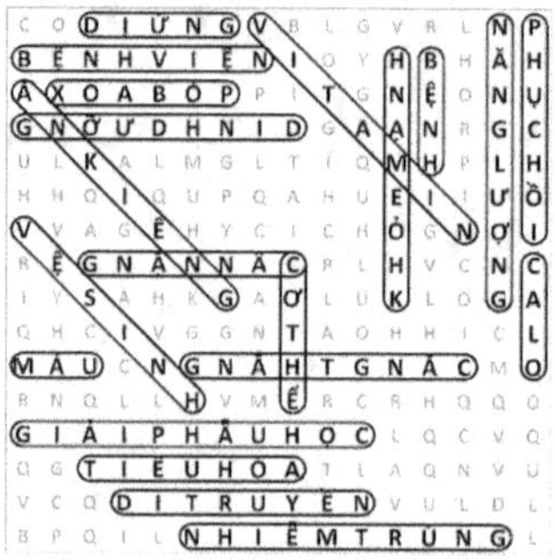

6 - Tijd

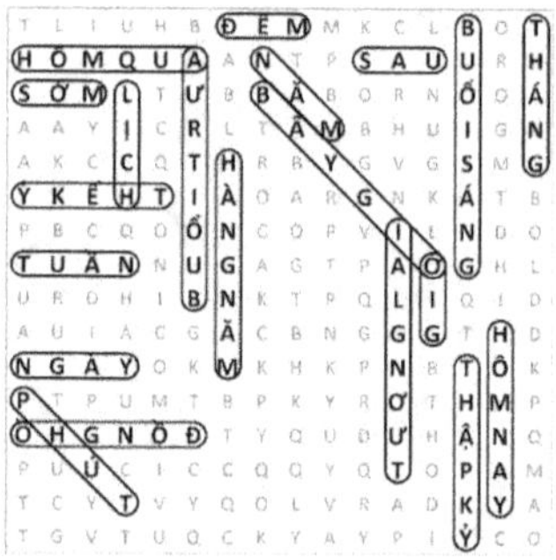

7 - Meditatie

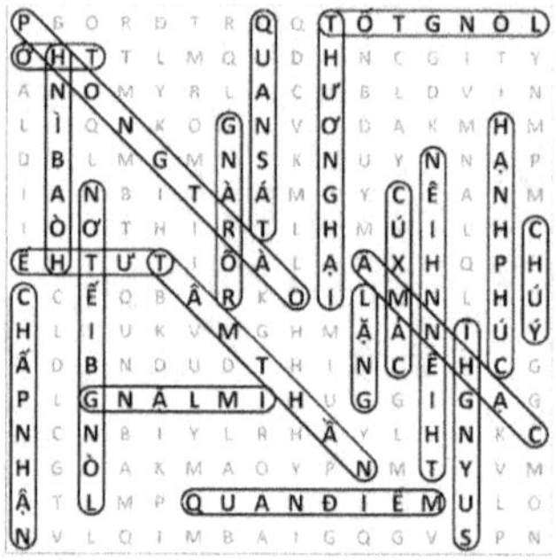

8 - Muziek

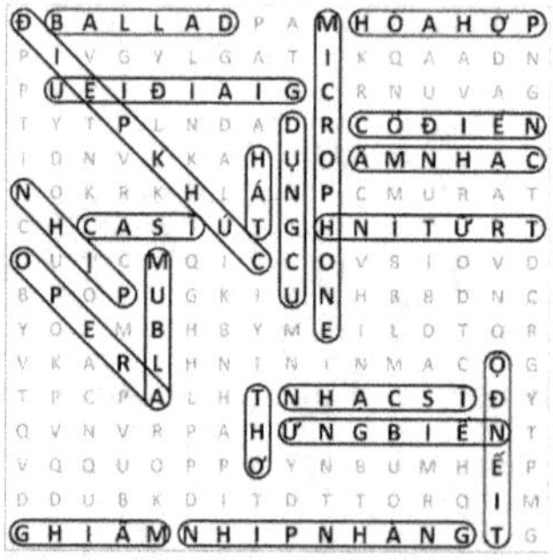

9 - Vogels

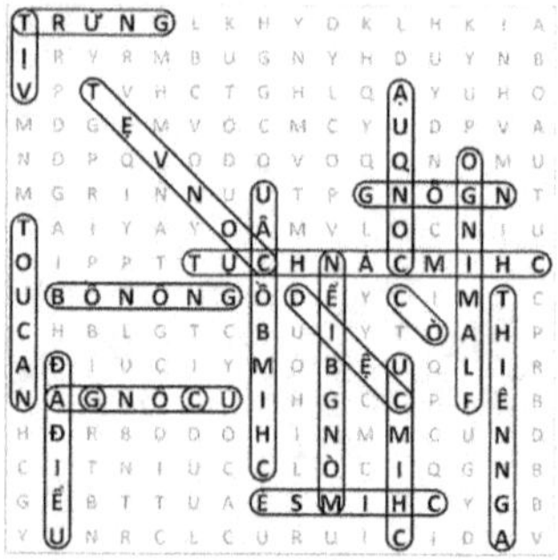

10 - Behoud

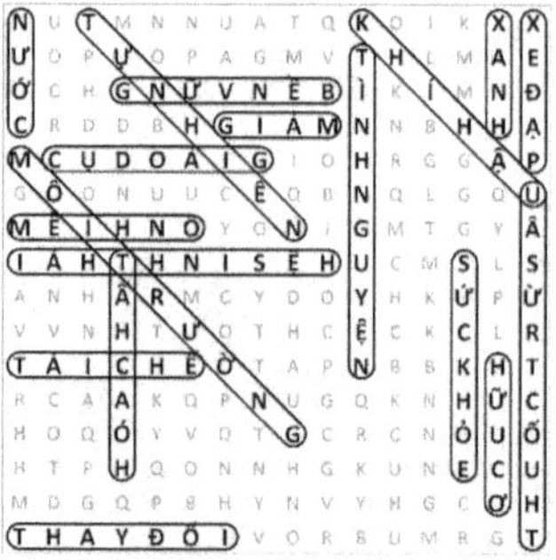

11 - Wiskunde

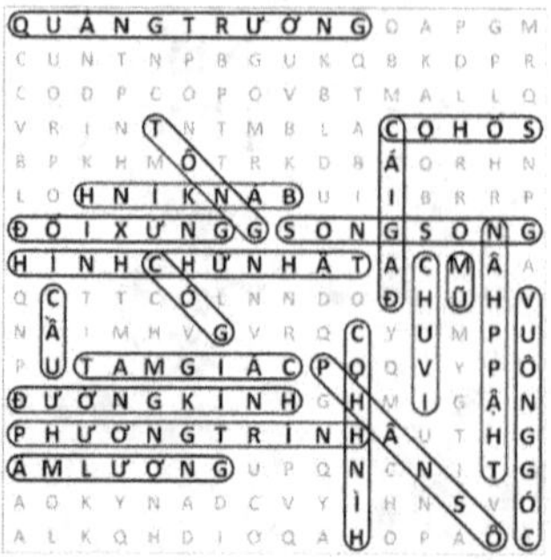

12 - Gezondheid en Welzijn #1

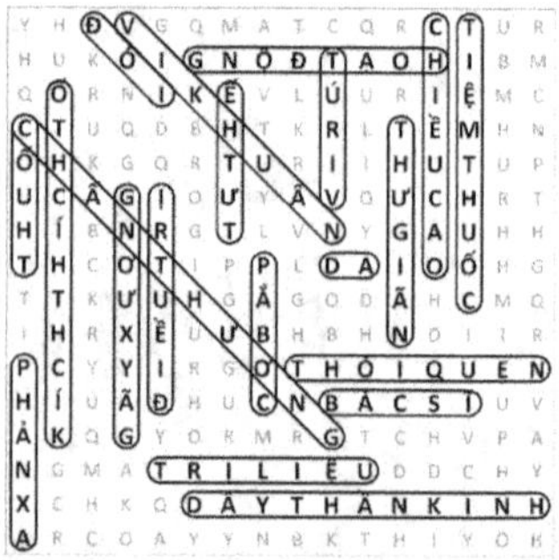

13 - Camping

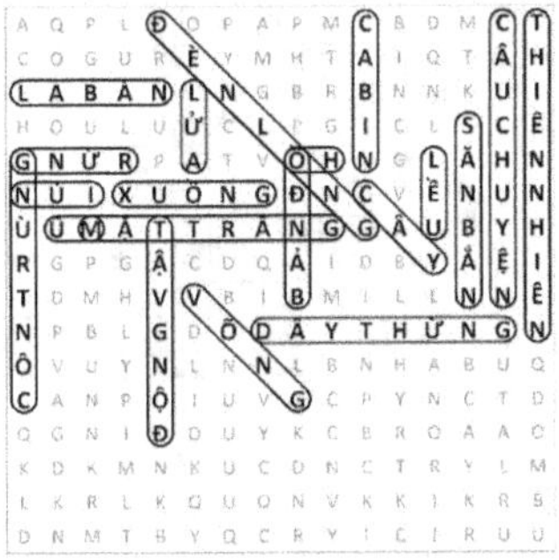

14 - Algebra

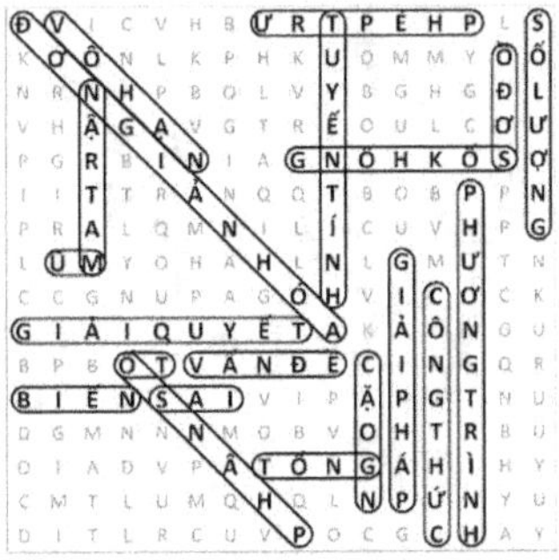

15 - Activiteiten

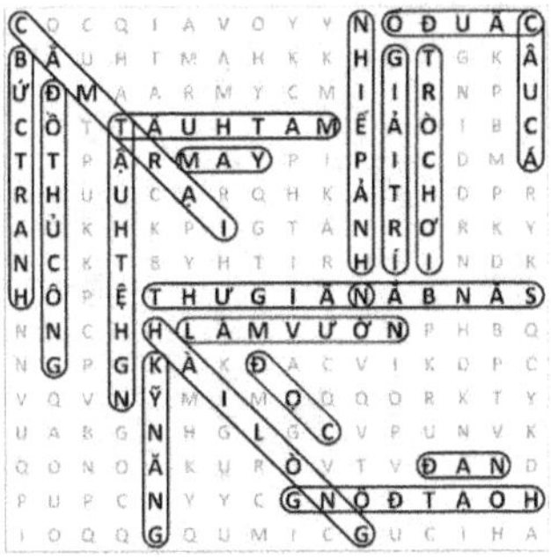

16 - Vormen

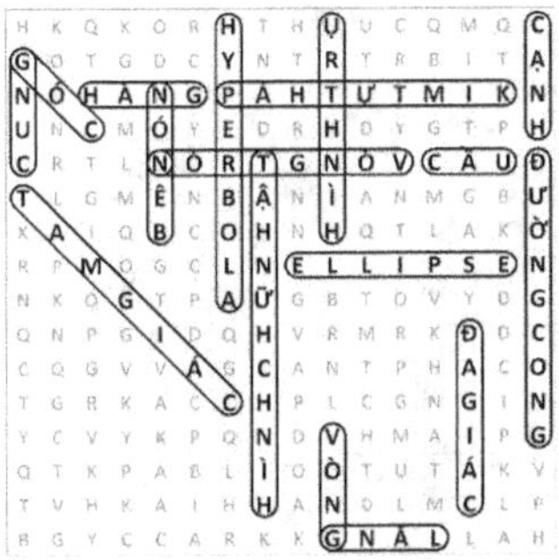

17 - Diplomatie

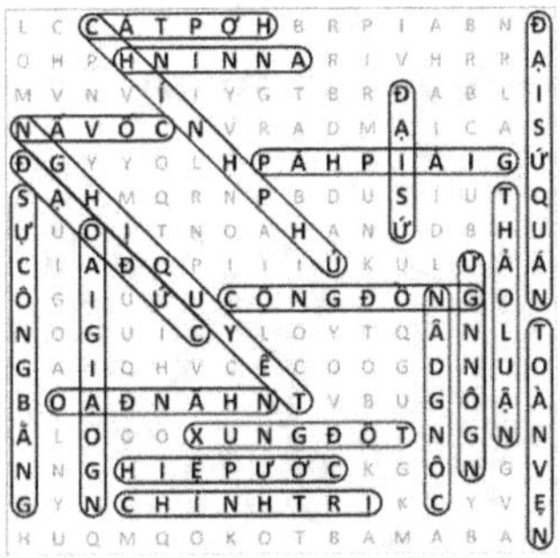

18 - Astronomie

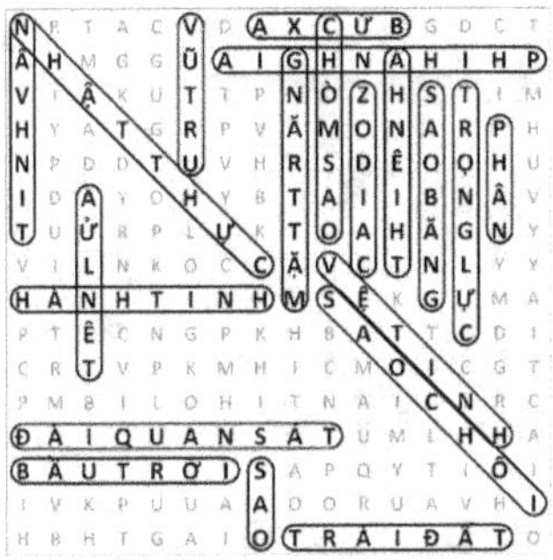

19 - Emoties

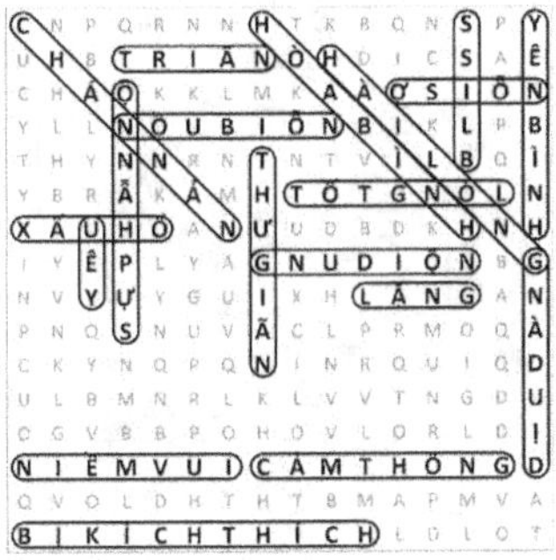

20 - Vakantie #2

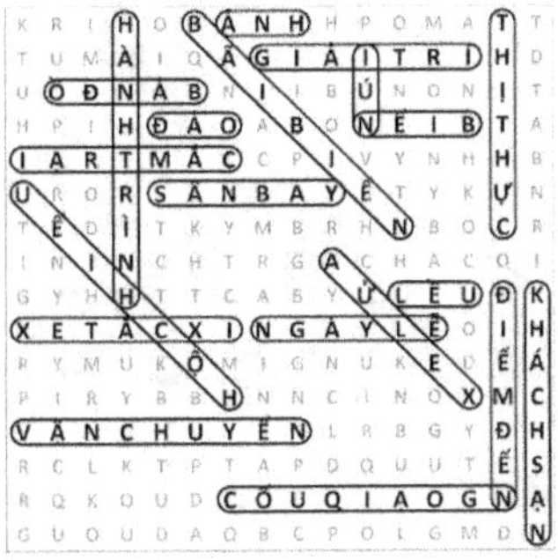

21 - Weersomstandigh

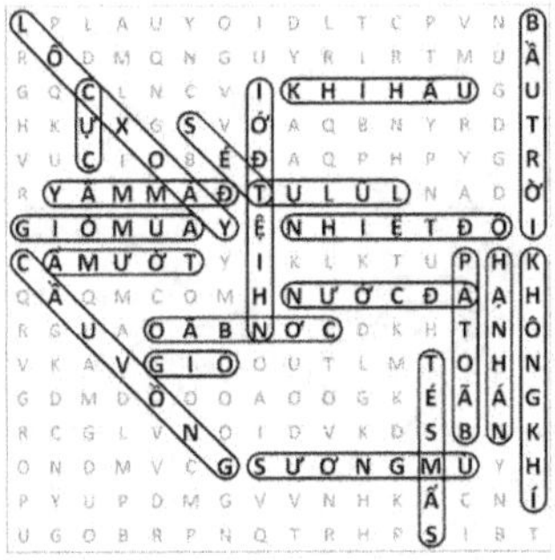

22 - Strand

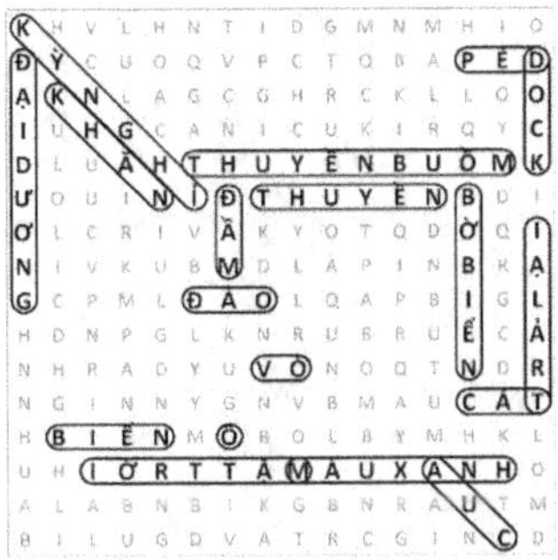

23 - Eten #2

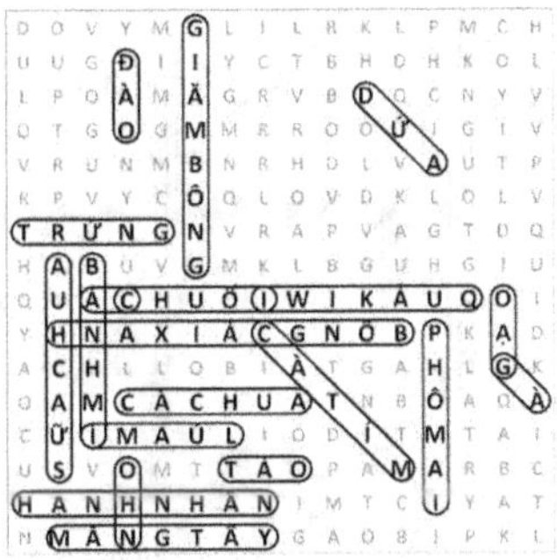

24 - Geologie

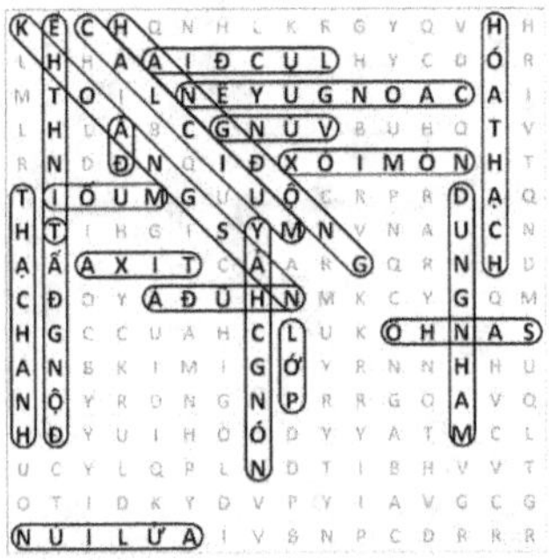

25 - Specerijen

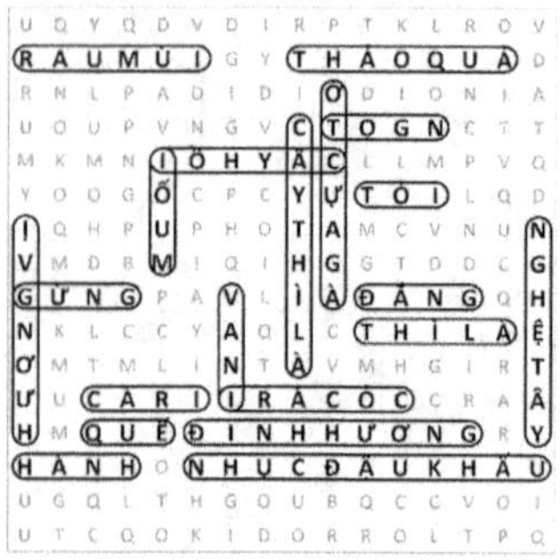

26 - Groenten

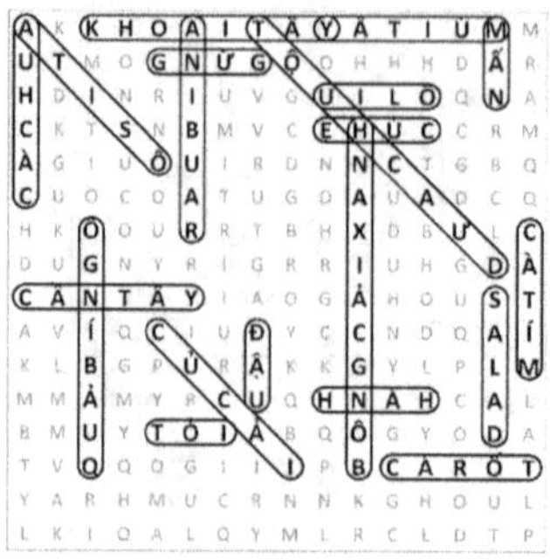

27 - Archeologie

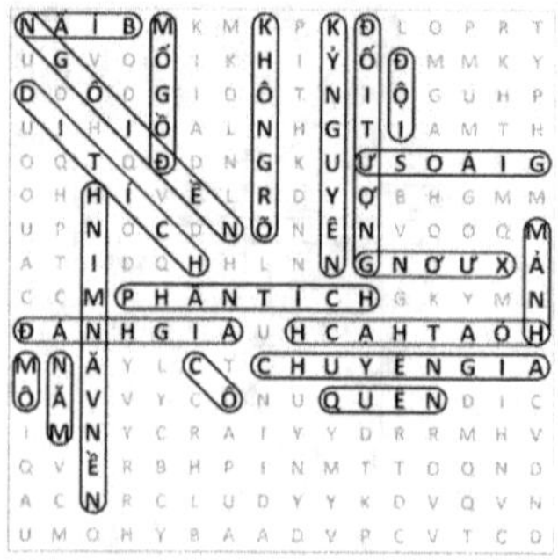

28 - Dans

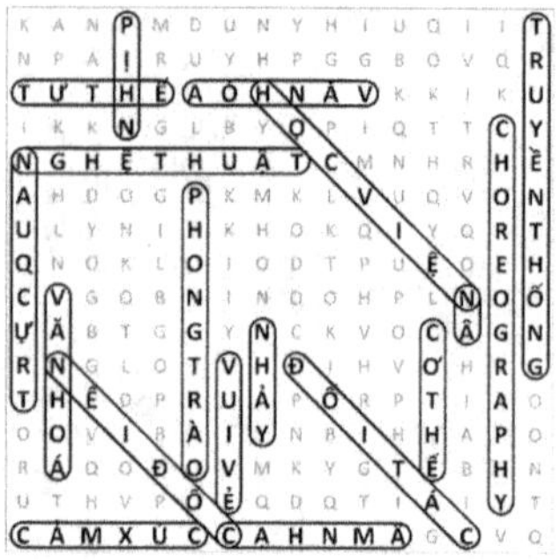

29 - Ziekte

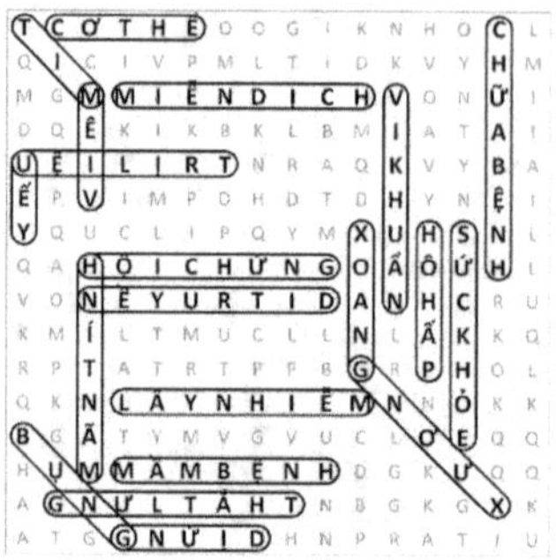

30 - Mythologie

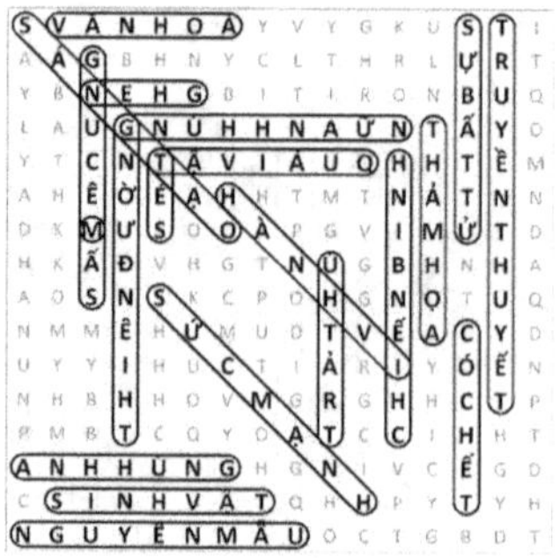

31 - Eten #1

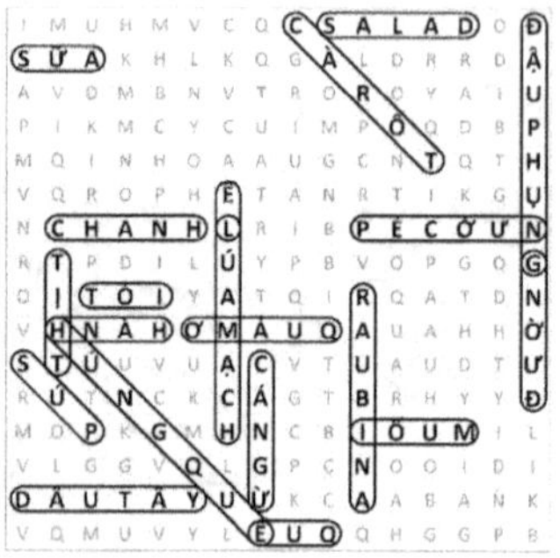

32 - Restaurant #2

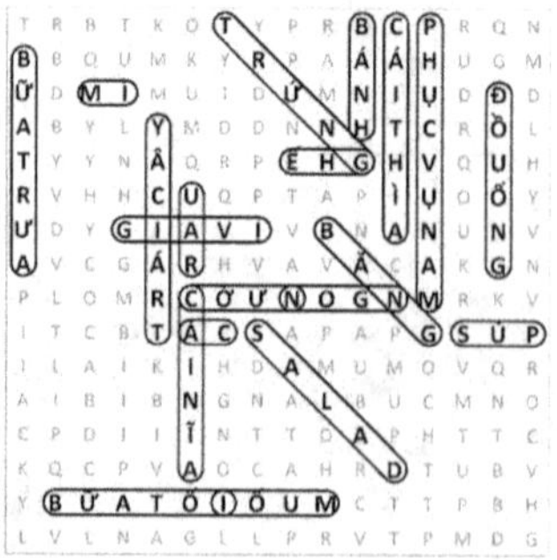

33 - De Media

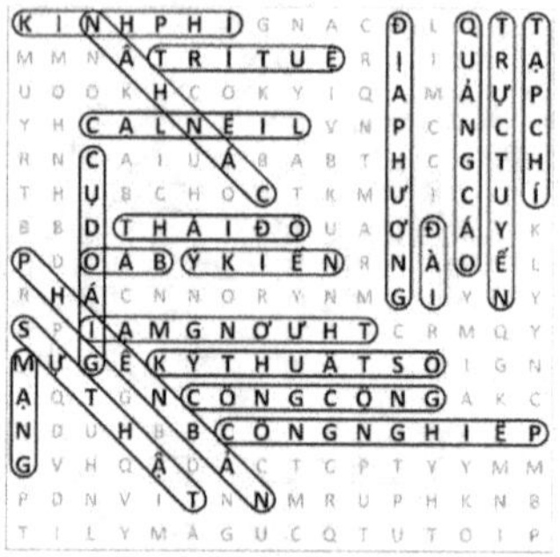

34 - Bijen

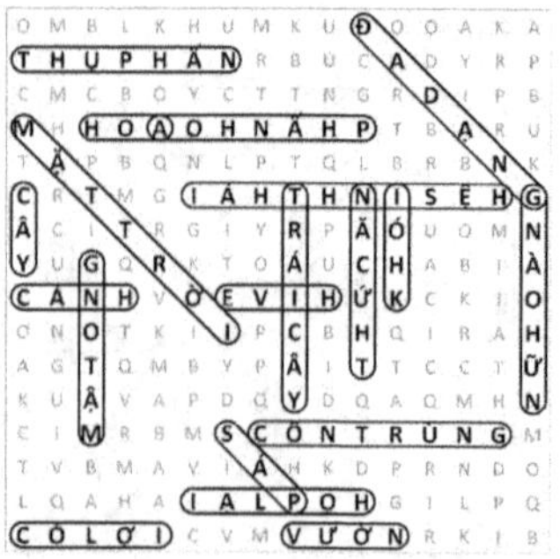

35 - Wandelen

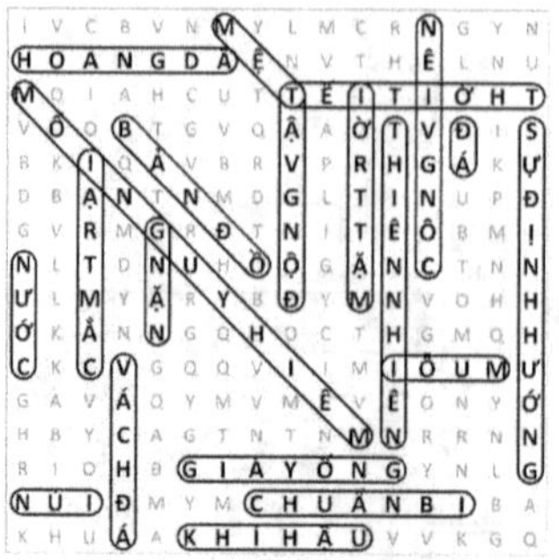

36 - Biologie

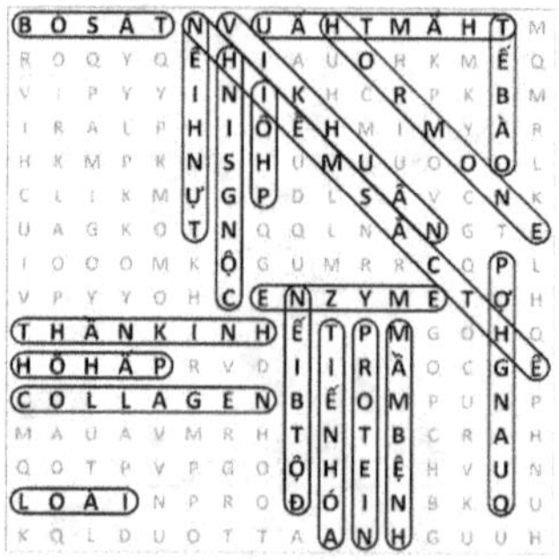

37 - Landen #1

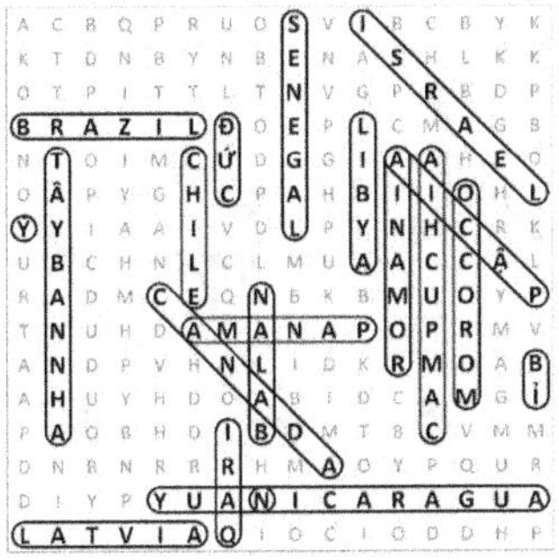

38 - Installaties

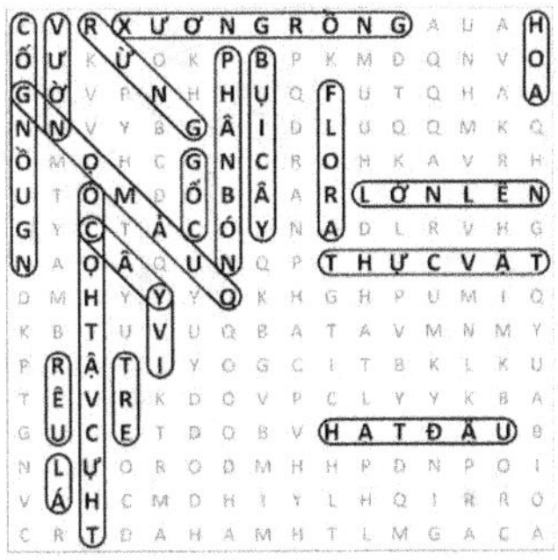

39 - Agronomie

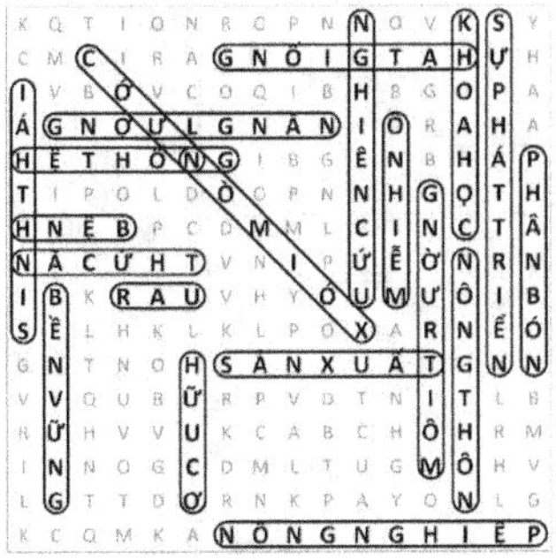

40 - Oceaan

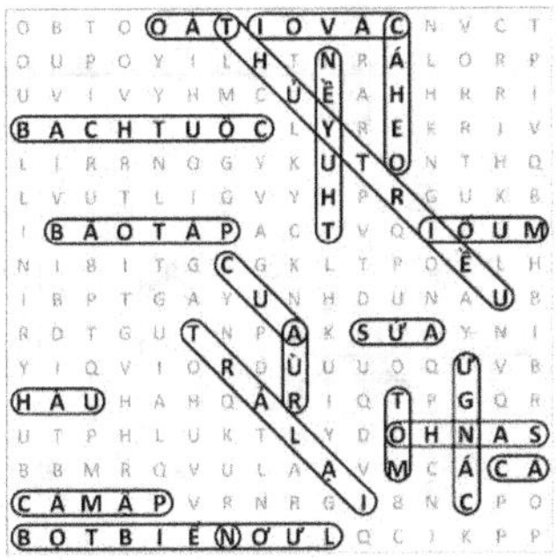

41 - Landen #2

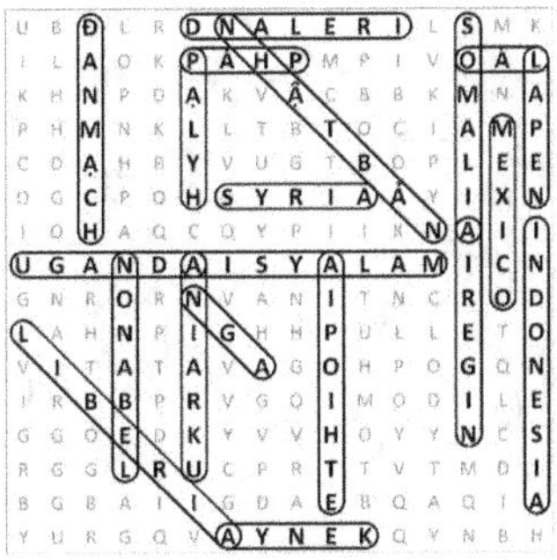

42 - Bloemen

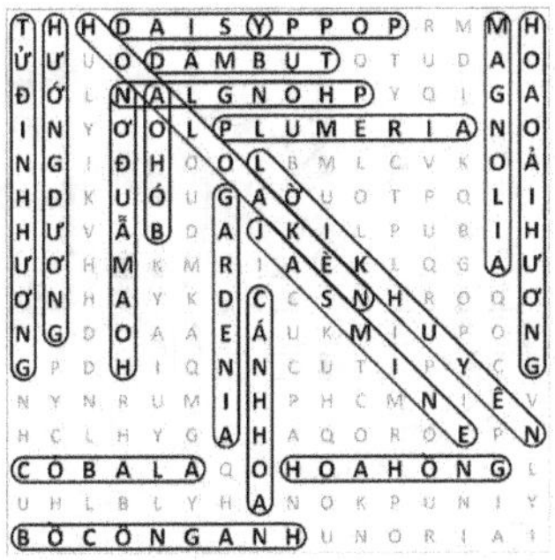

43 - Landschappen

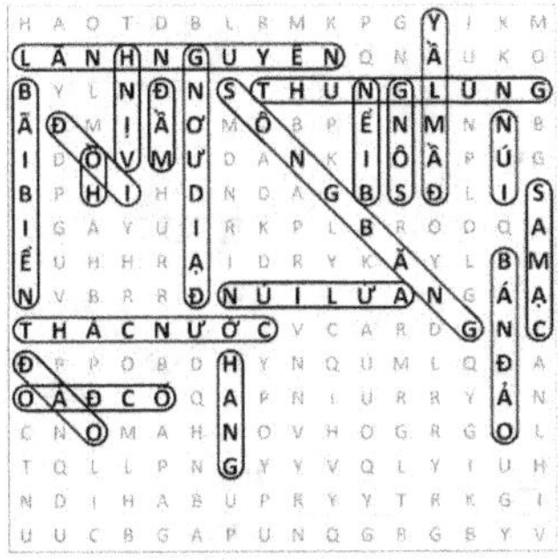

44 - Tuin

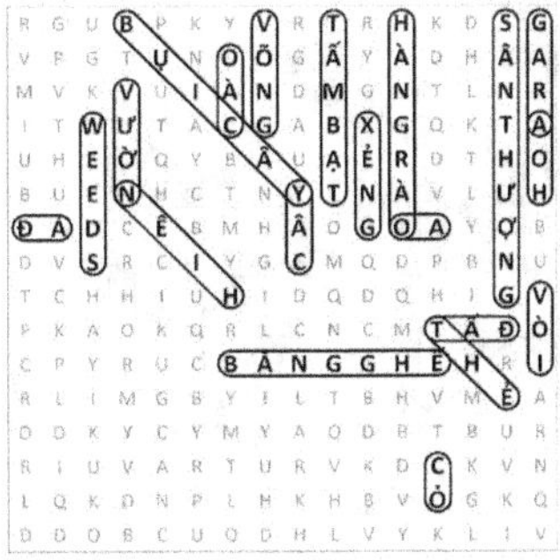

45 - Dagen en Maanden

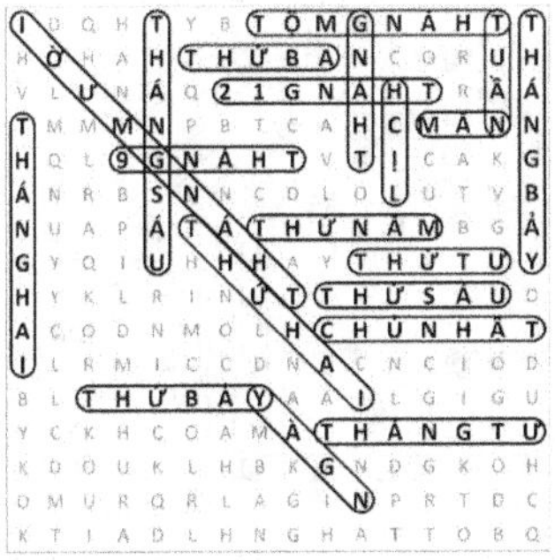

46 - Beeldende Kunsten

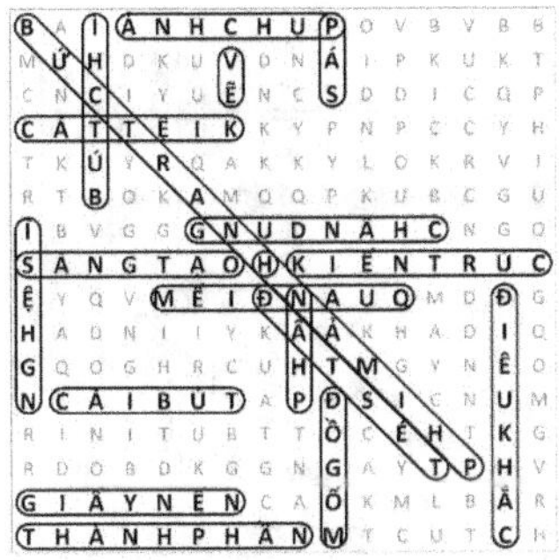

47 - Mode

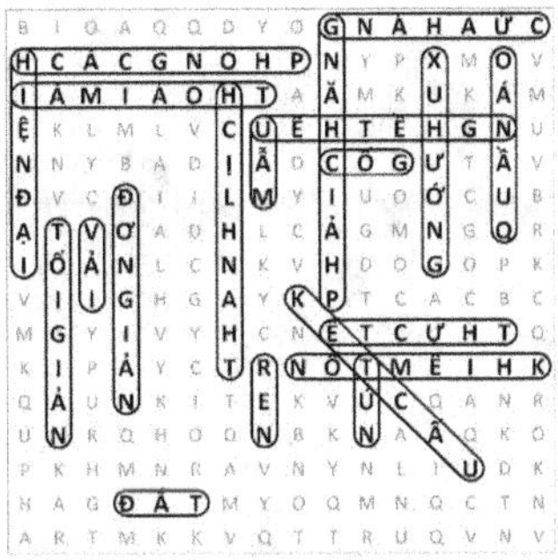

48 - Menselijk Lichaam

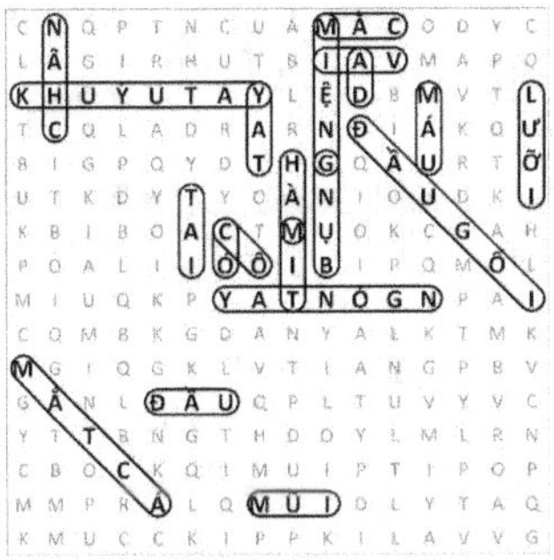

49 - Energie

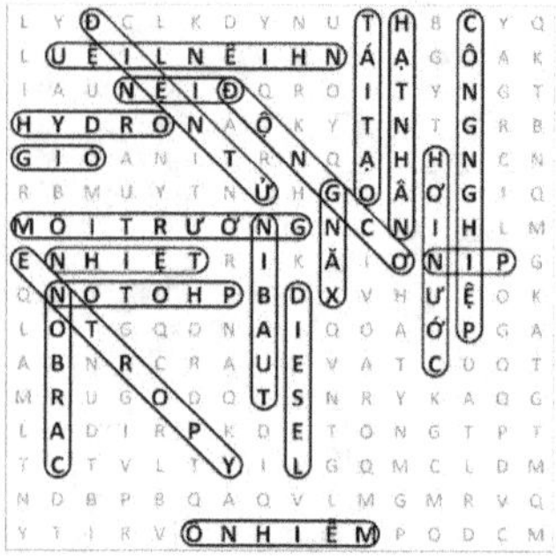

50 - Familie

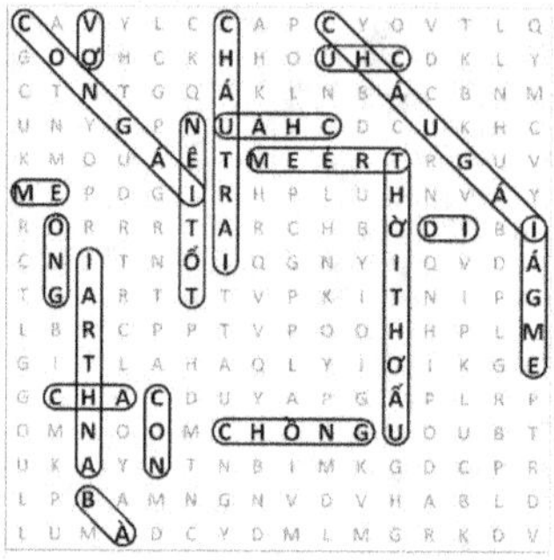

51 - Gebouwen

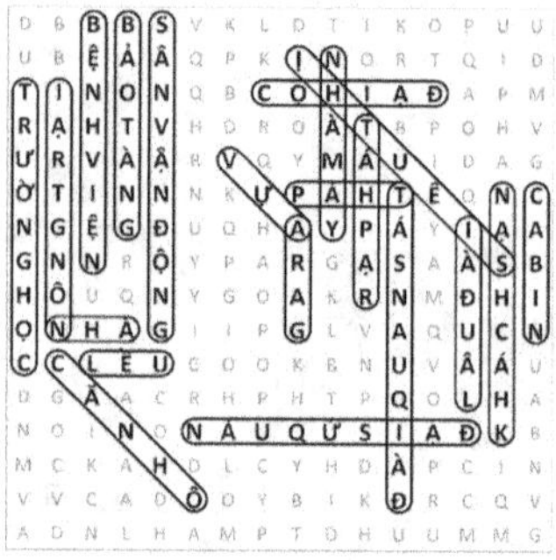

52 - Beroepen #1

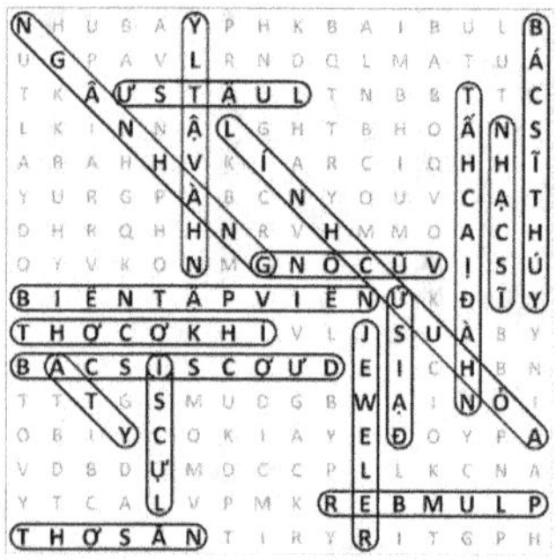

53 - Antarctica

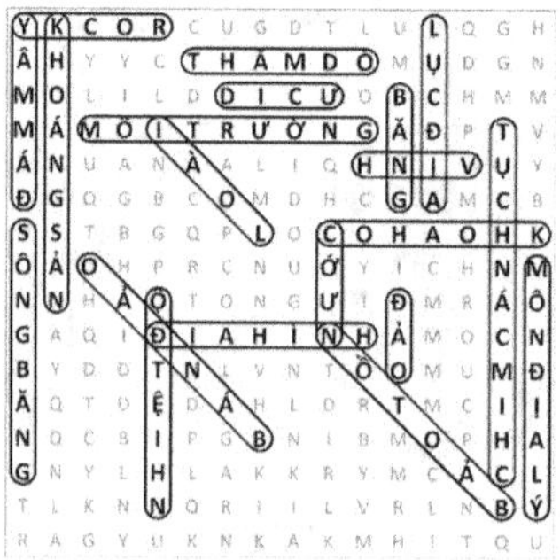

54 - Vissen

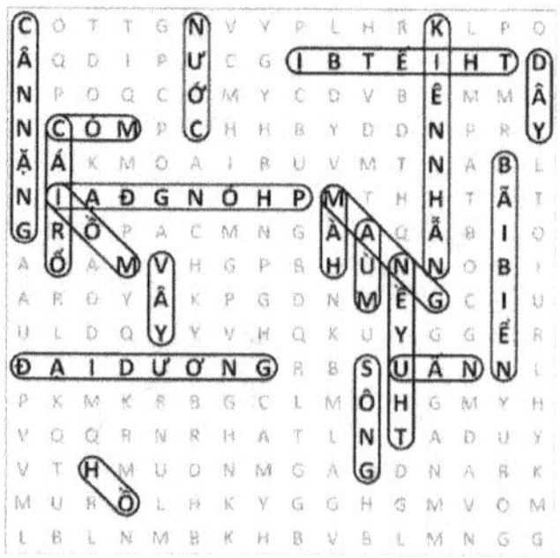

55 - Fruit

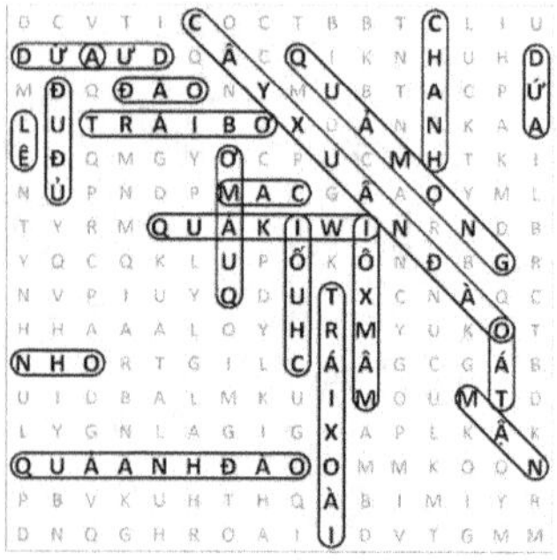

56 - Engineering

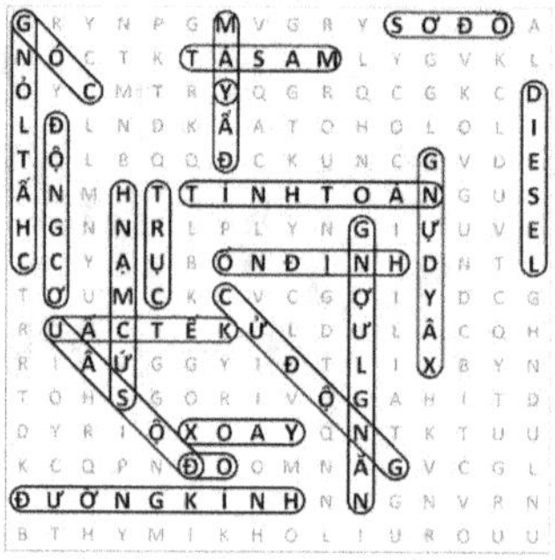

57 - Literatuur

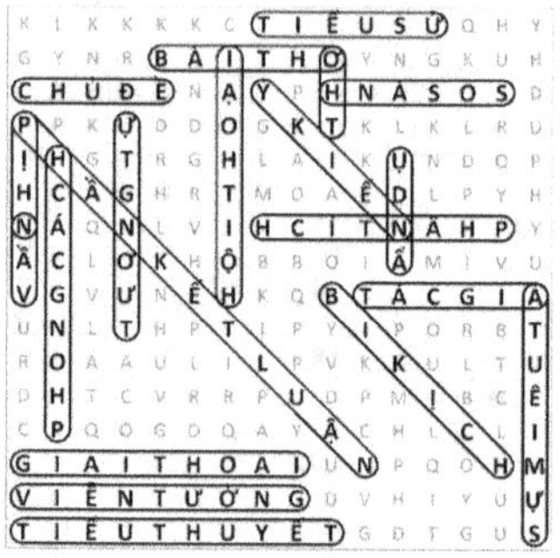

58 - Technologie

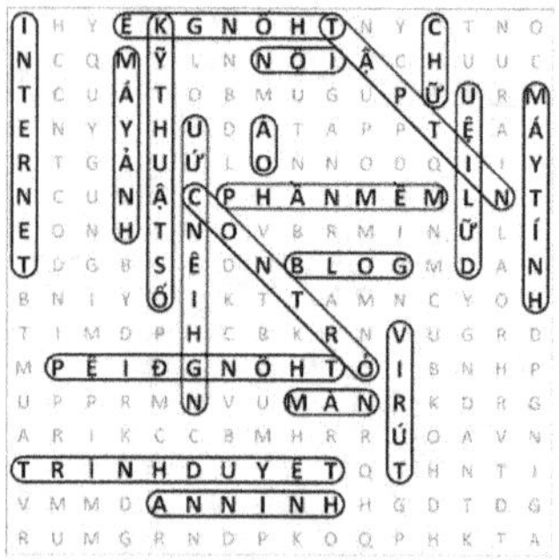

59 - Boeken

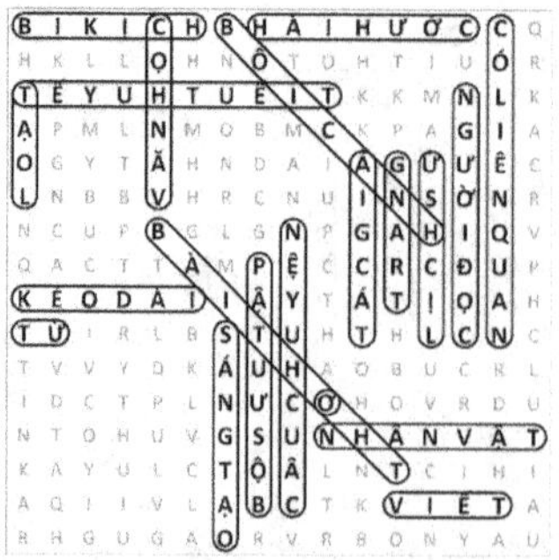

60 - Meer Informatie

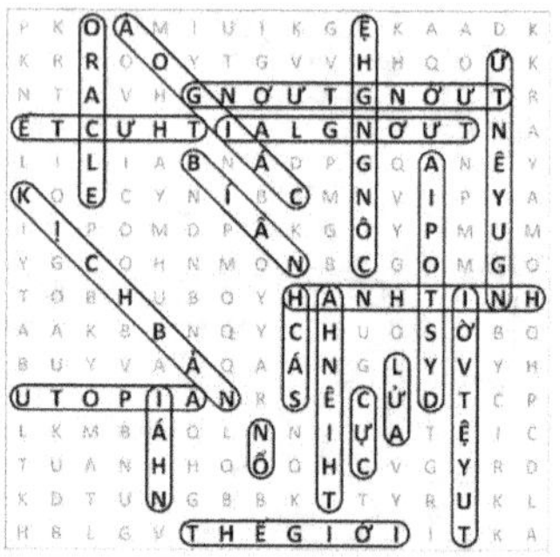

61 - Haartypes

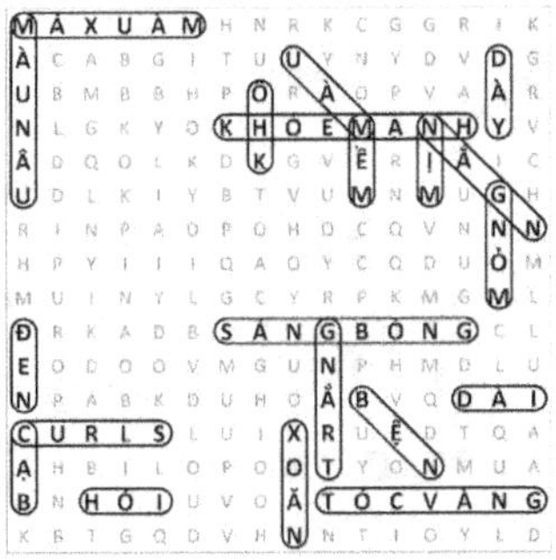

62 - Creativiteit

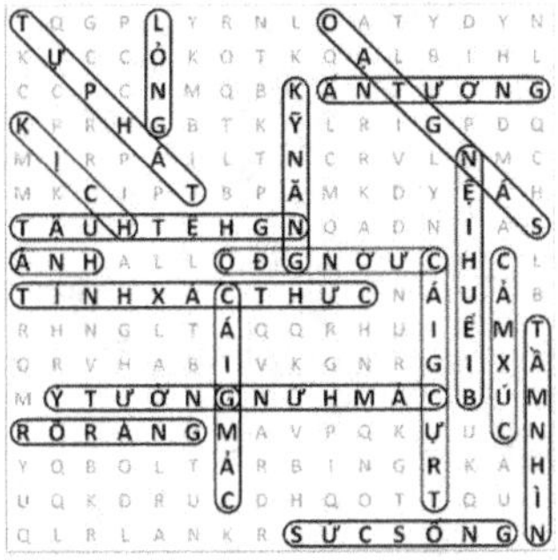

63 - Natuur

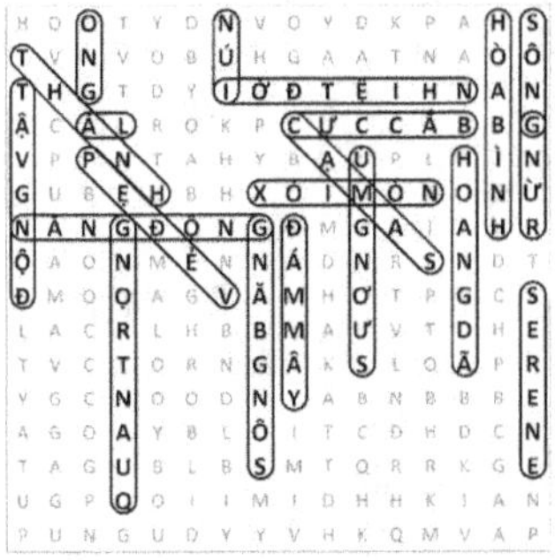

64 - Zoogdieren

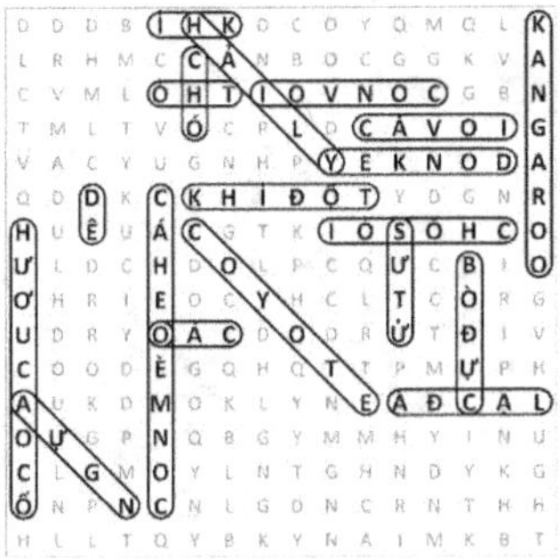

65 - Overheid

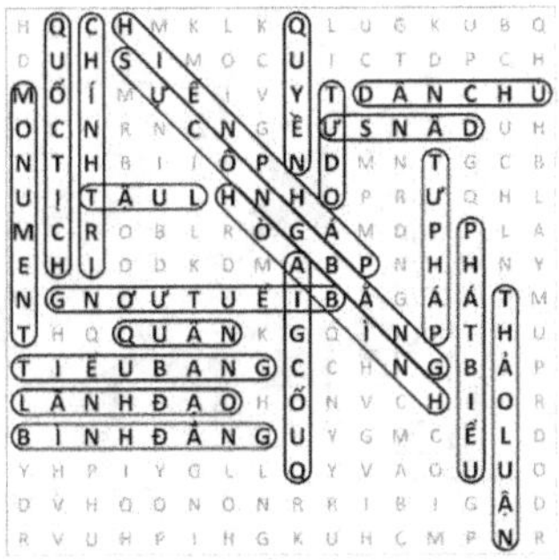

66 - Voertuigen

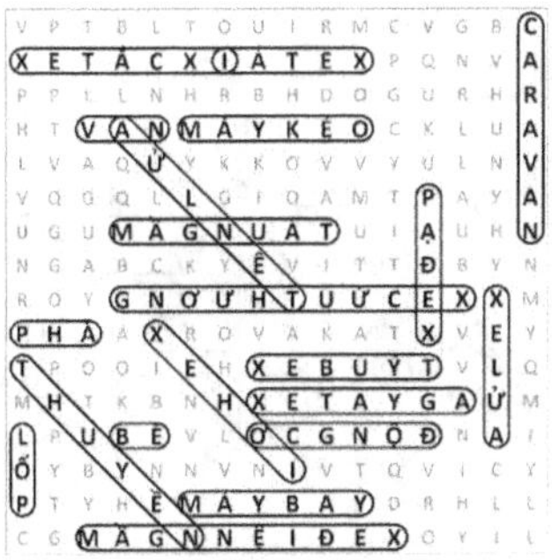

67 - Geografie

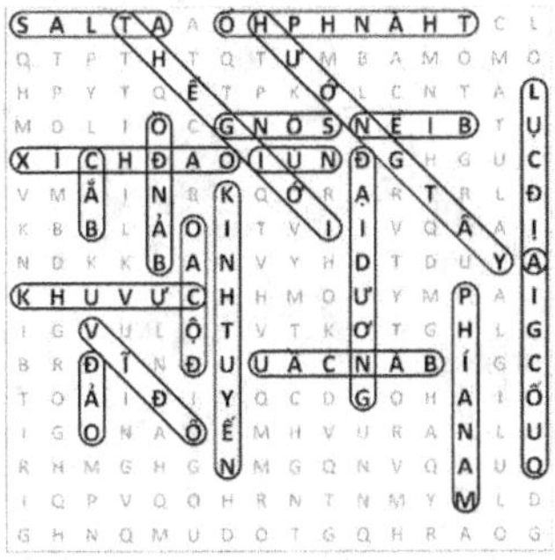

68 - Kunstbenodigdhe

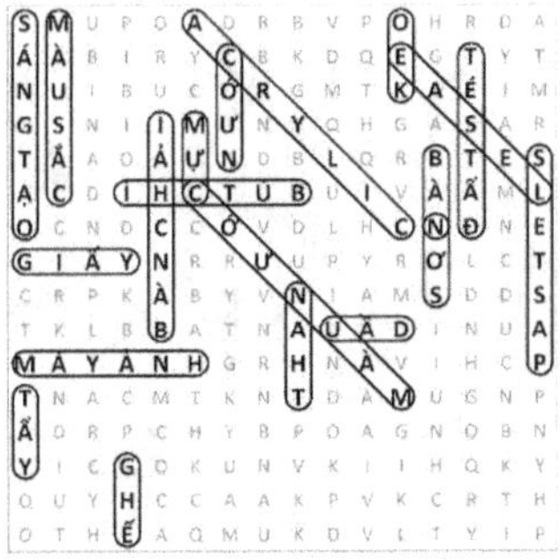

69 - Barbecues

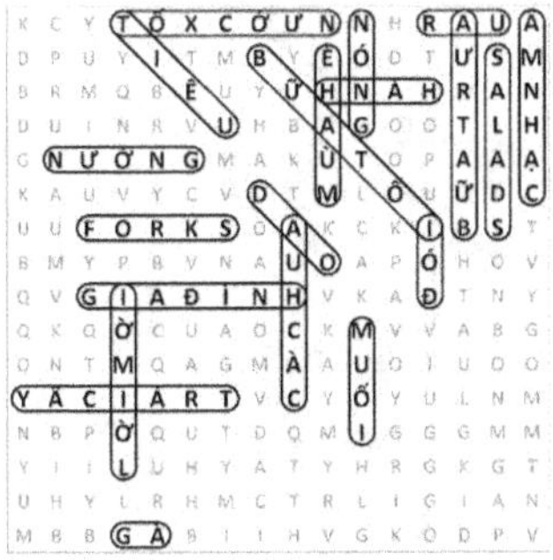

70 - Schoonheid

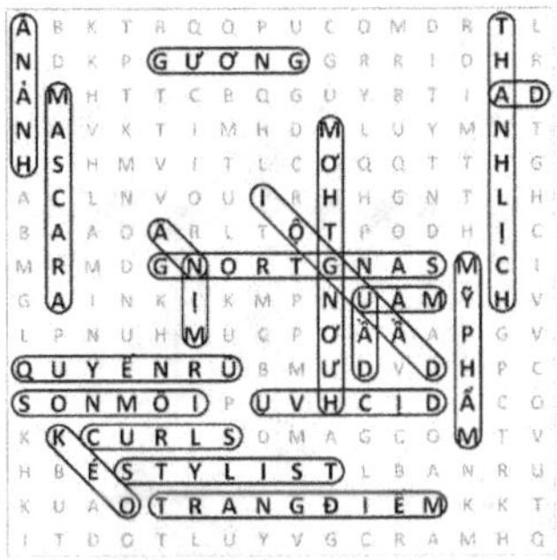

71 - Wetenschappelijk

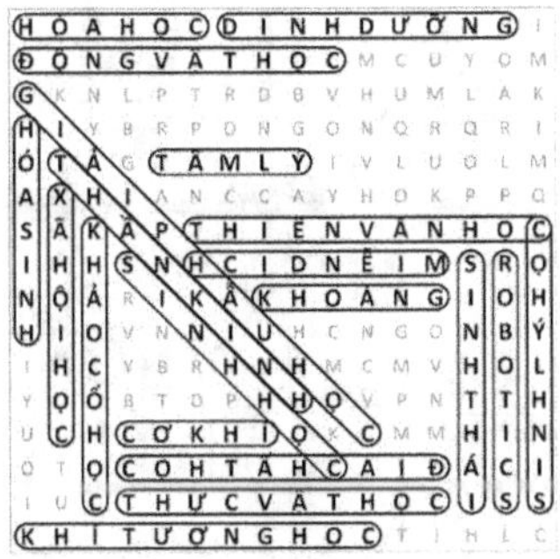

72 - Bijvoeglijke Naamwoorden

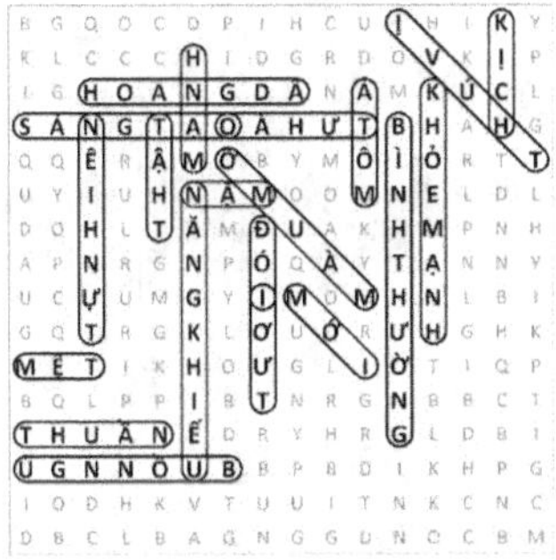

73 - Kleding

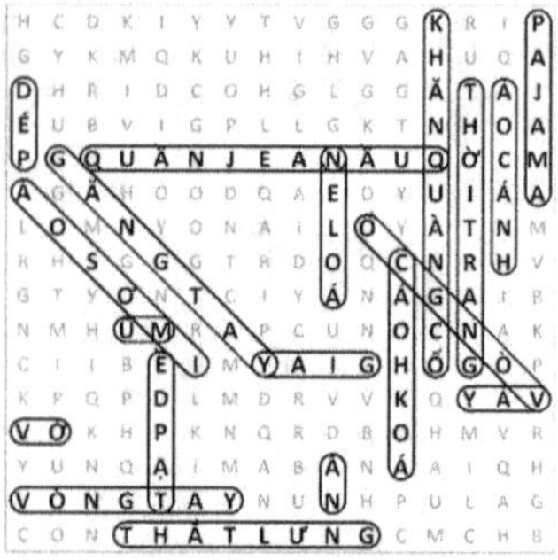

74 - Vliegtuigen

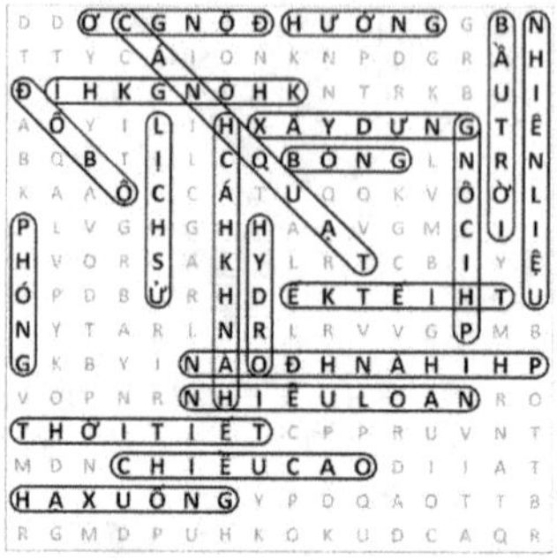

75 - Herbalisme

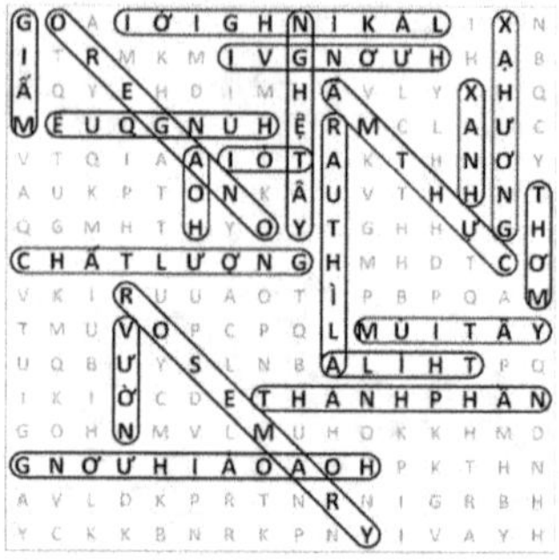

76 - Kracht en Zwaartekracht

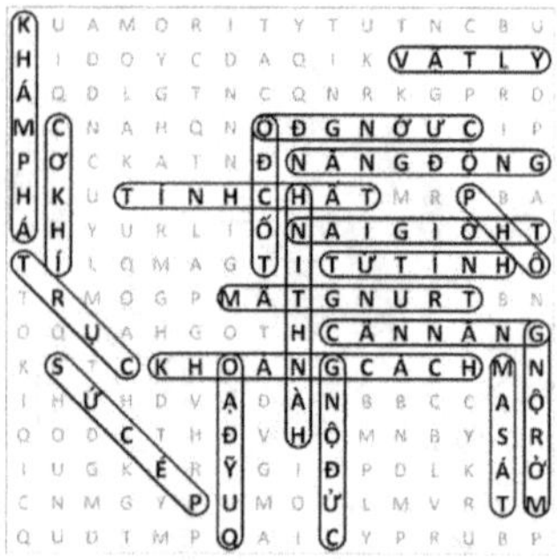

77 - Het Bedrijf

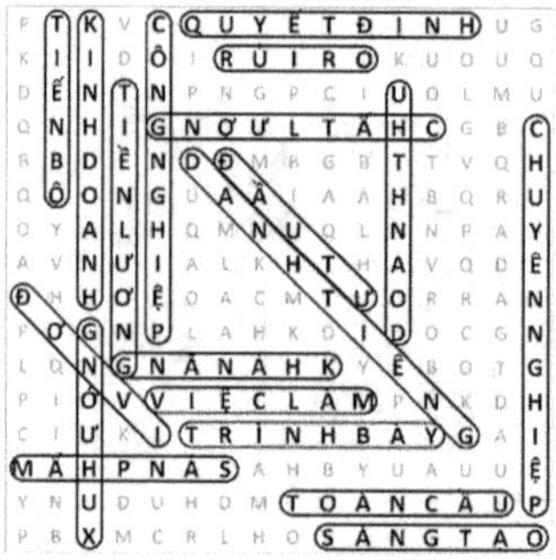

78 - Rijden

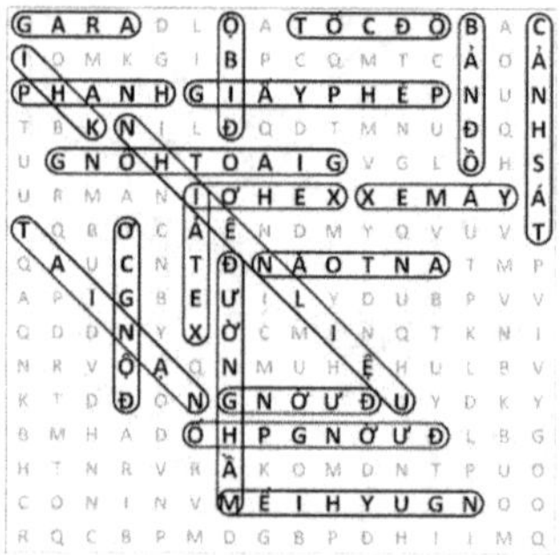

79 - Wetenschap

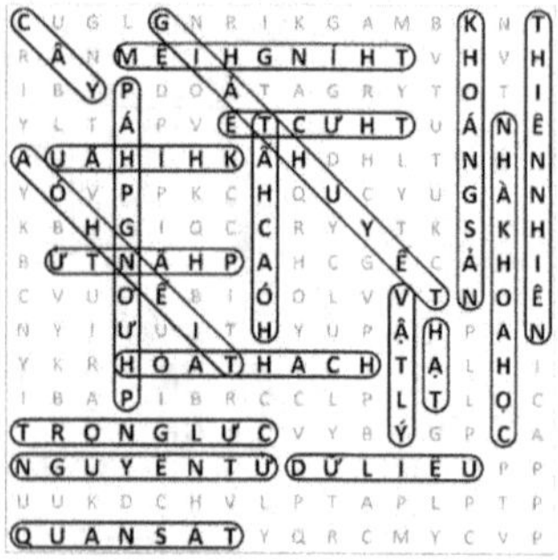

80 - Natuurkunde

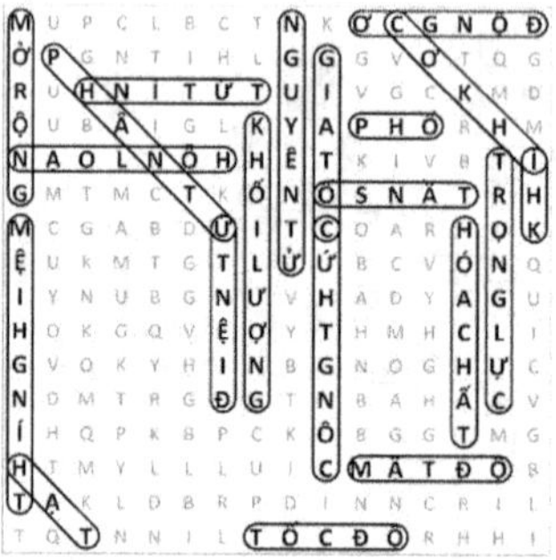

81 - Muziekinstrument

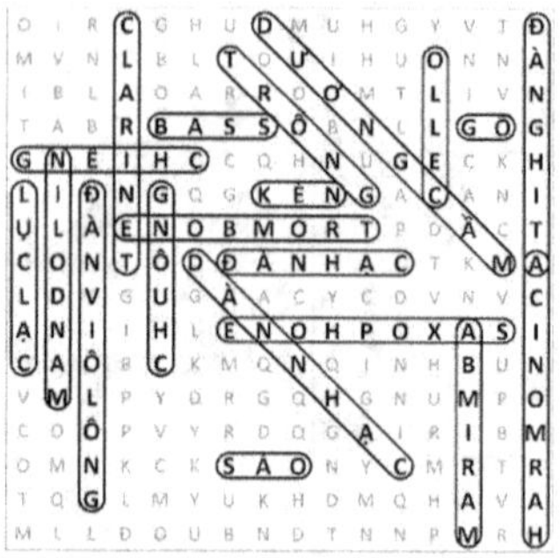

82 - Ethiek

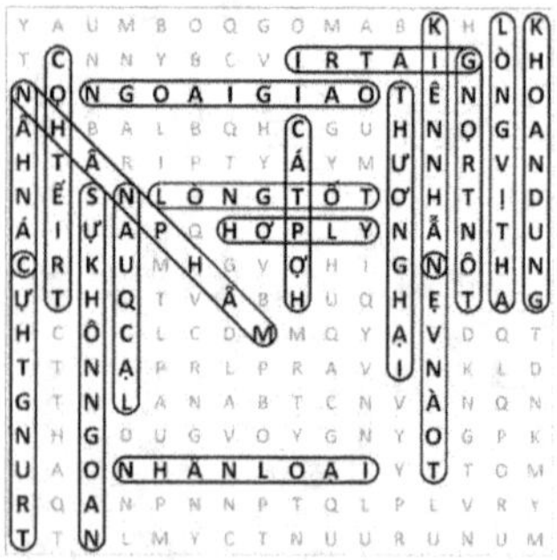

83 - Antiek

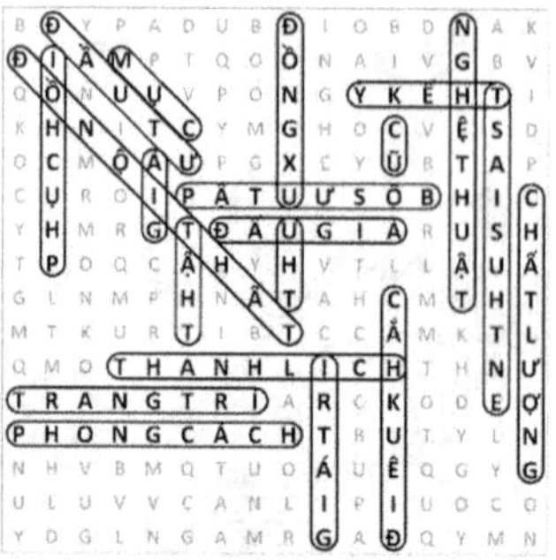

84 - Activiteiten en Vrije Ti

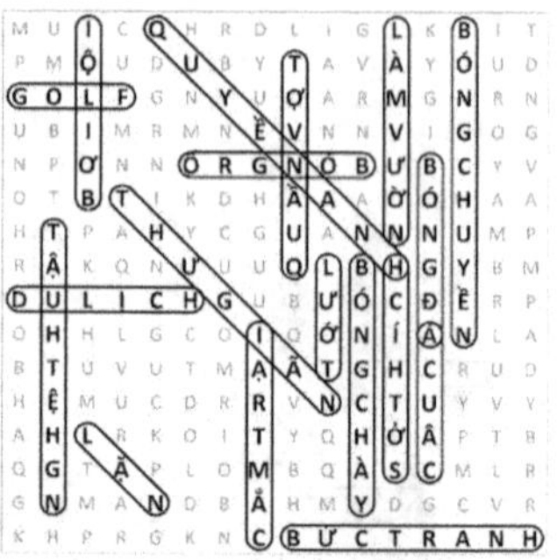

85 - Water

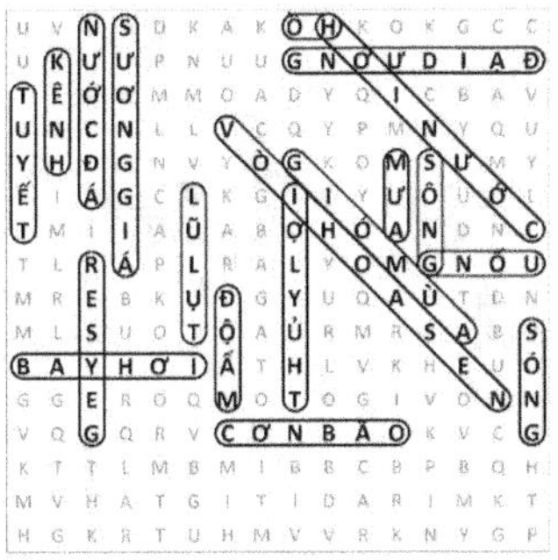

86 - Koffie

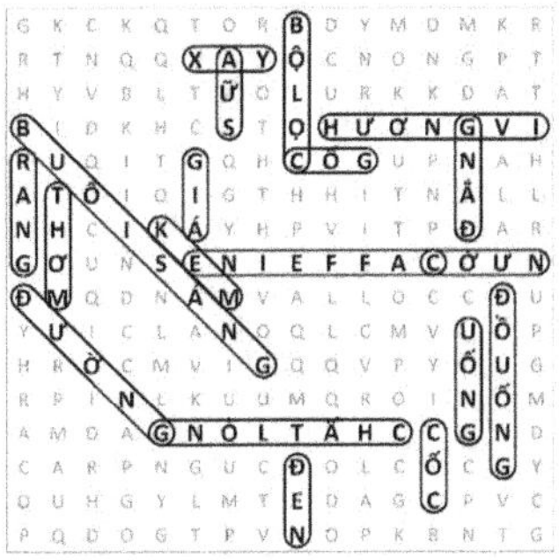

87 - Schaken

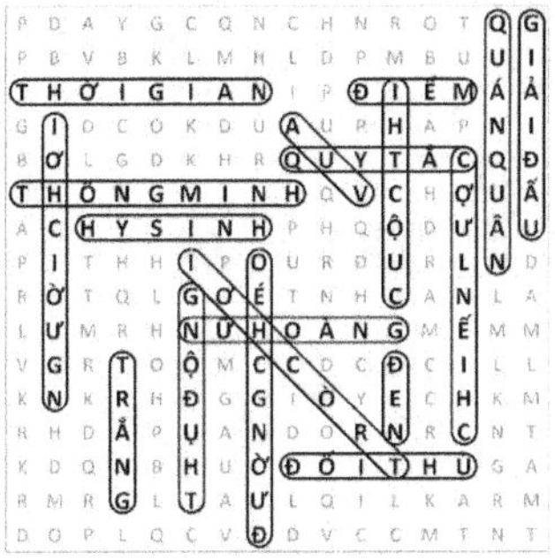

88 - Boerderij #1

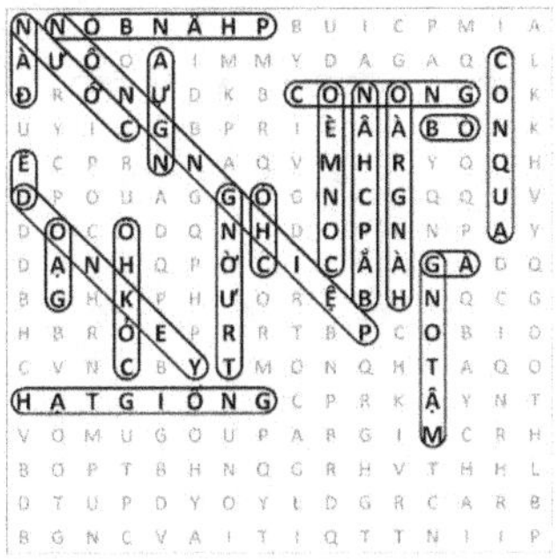

89 - Huis

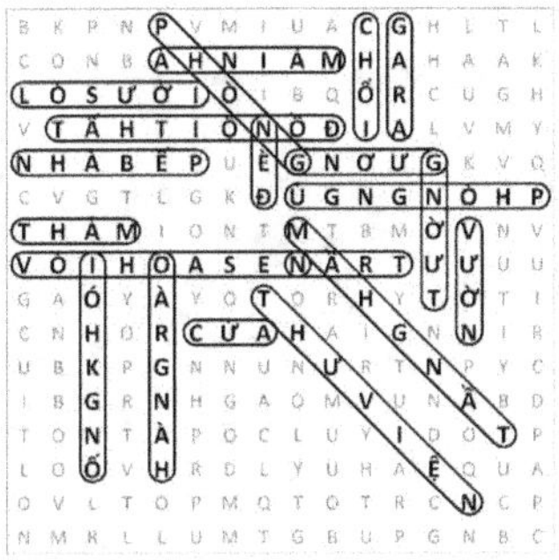

90 - Geometrie

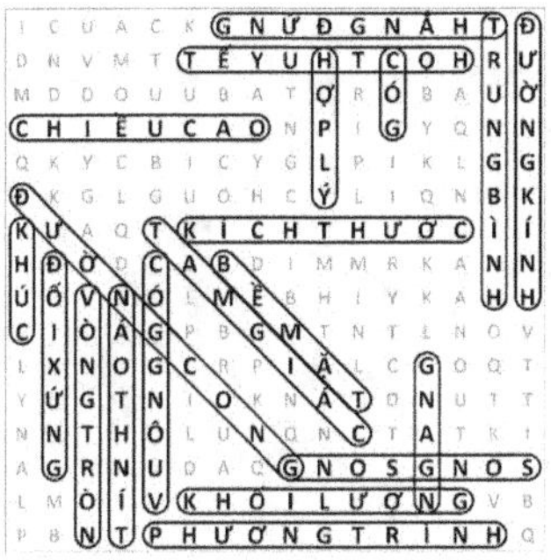

91 - Jazz

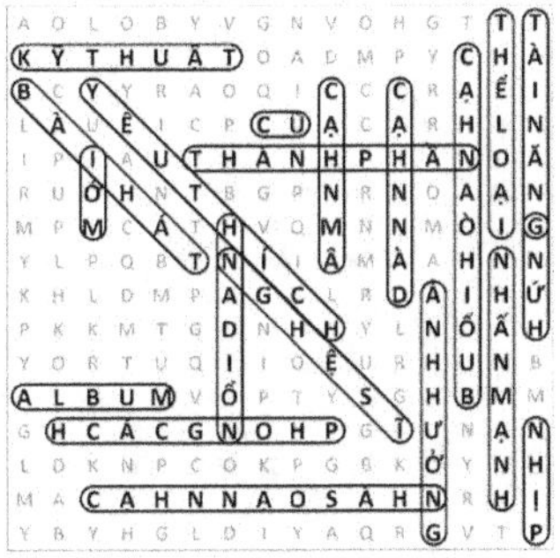

92 - Getallen

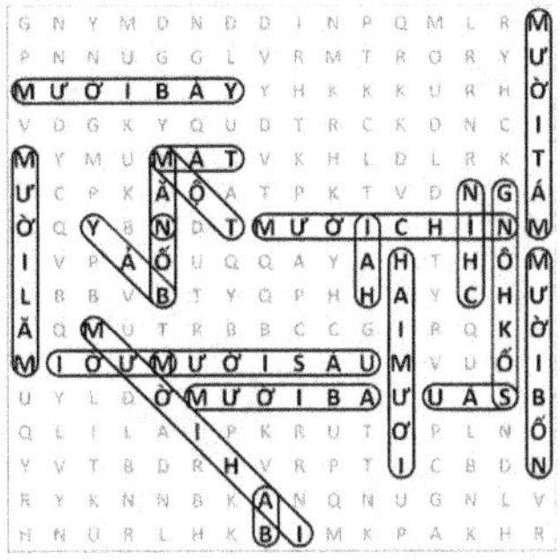

93 - Boksen

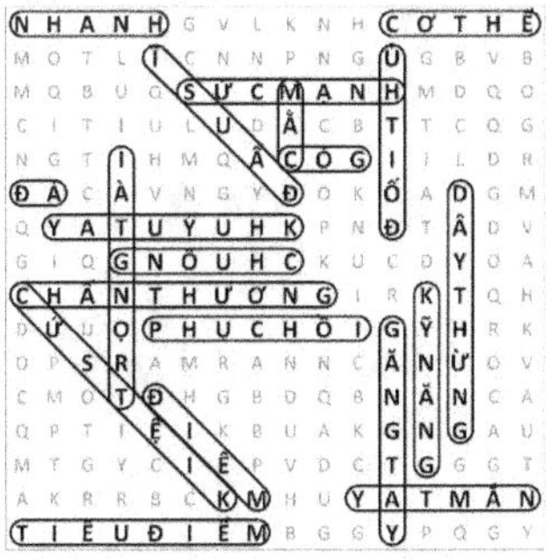

94 - Boerderij #2

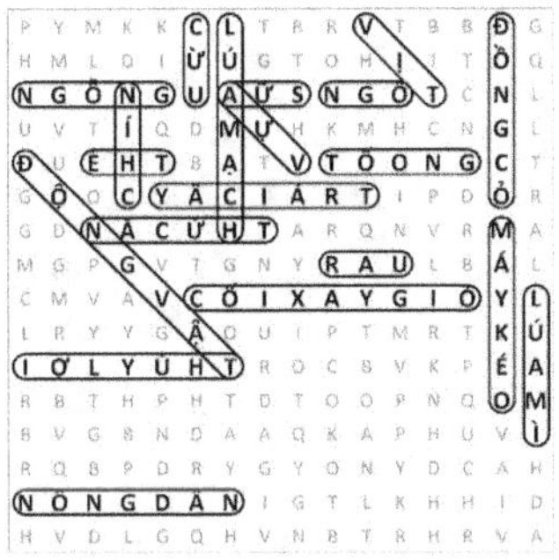

95 - Psychologie

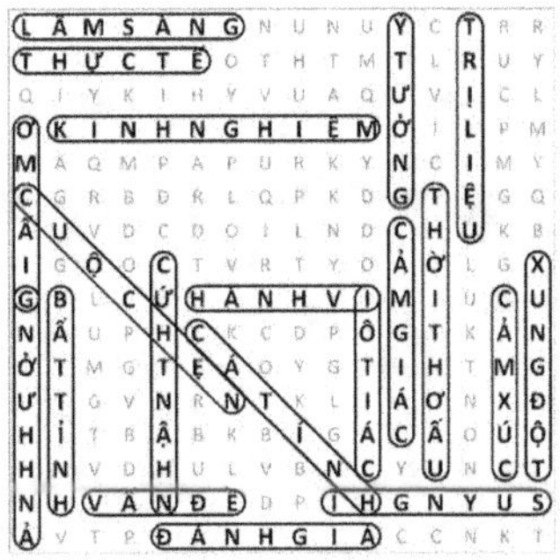

96 - Elektriciteit

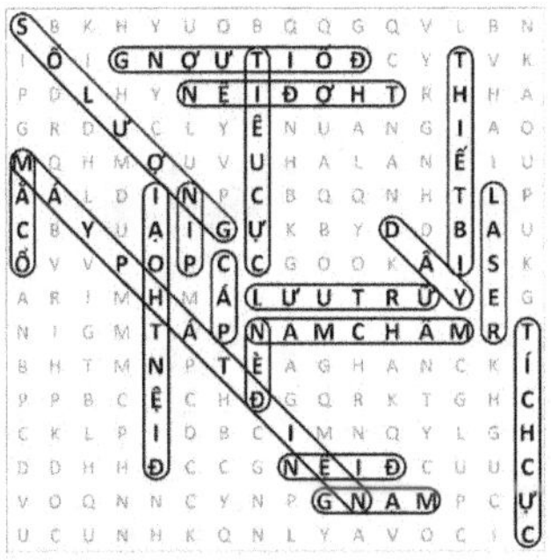

97 - Zakelijk

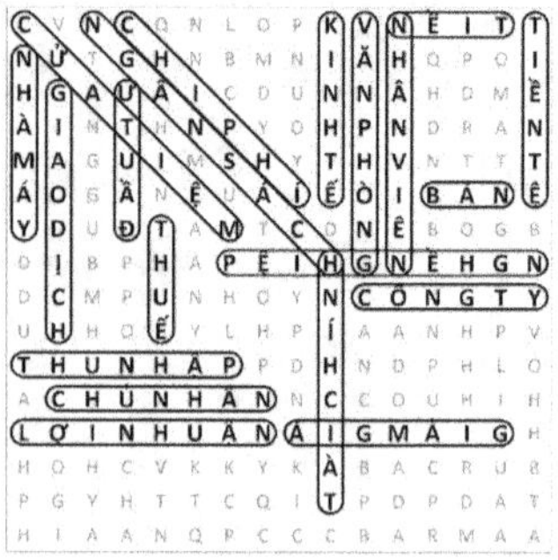

98 - Voeding

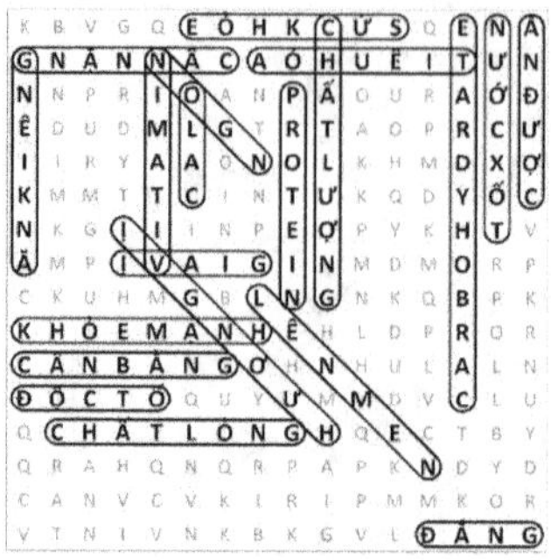

99 - Chemie

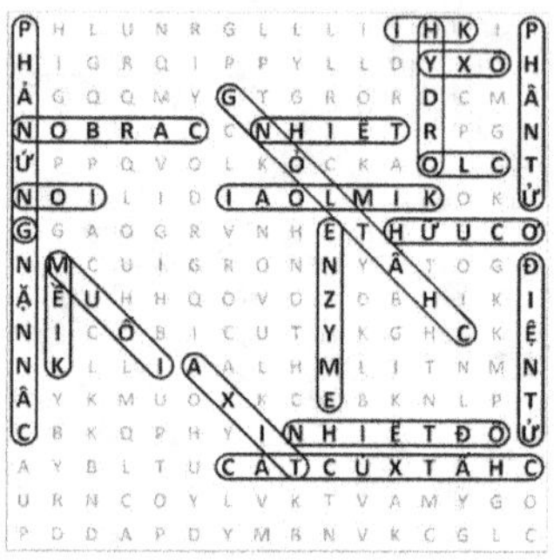

Woordenboek

Activiteiten
Các Hoạt Động

Activiteit	Hoạt Động
Ambachten	Đồ thủ Công
Breien	Đan
Fotografie	Nhiếp Ảnh
Games	Trò Chơi
Hengelsport	Câu Cá
Jacht	Săn Bắn
Kamperen	Cắm Trại
Kunst	Nghệ Thuật
Lezen	Đọc
Magie	Ma Thuật
Naaien	May
Ontspanning	Thư Giãn
Plezier	Hài Lòng
Puzzels	Câu Đố
Schilderij	Bức Tranh
Tuinieren	Làm Vườn
Vaardigheid	Kỹ Năng
Vrije Tijd	Giải Trí

Activiteiten en Vrije Ti
Và các Hoạt Động Giải Trí

Basketbal	Bóng Rổ
Boksen	Quyền Anh
Duiken	Lặn
Golf	Golf
Hengelsport	Câu Cá
Hobby	Sở Thích
Honkbal	Bóng Chày
Kamperen	Cắm Trại
Kunst	Nghệ Thuật
Ontspannen	Thư Giãn
Reis	Du Lịch
Schilderij	Bức Tranh
Surfen	Lướt
Tennis	Quần Vợt
Tuinieren	Làm Vườn
Voetbal	Bóng Đá
Volleybal	Bóng Chuyền
Zwemmen	Bơi Lội

Agronomie
Nông Học

Duurzaam	Bền Vững
Ecologie	Sinh Thái
Energie	Năng Lượng
Erosie	Xói Mòn
Groei	Sự Phát Triển
Groente	Rau
Landbouw	Nông Nghiệp
Landelijk	Nông Thôn
Mest	Phân Bón
Omgeving	Môi Trường
Onderzoek	Nghiên Cứu
Organisch	Hữu Cơ
Productie	Sản Xuất
Systemen	Hệ Thống
Vervuiling	Ô Nhiễm
Voedsel	Thức Ăn
Water	Nước
Wetenschap	Khoa Học
Zaden	Hạt Giống
Ziekten	Bệnh

Algebra
Đại số Học

Aftrekken	Phép Trừ
Diagram	Sơ Đồ
Exponent	Mũ
Factor	Tố
Formule	Công Thức
Fractie	Phân Số
Haakje	Ngoặc
Hoeveelheid	Số Lượng
Lineair	Tuyến Tính
Matrix	Ma Trận
Nul	Số Không
Oneindig	Vô Hạn
Oplossen	Giải Quyết
Oplossing	Giải Pháp
Probleem	Vấn Đề
Som	Tổng
Vals	Sai
Variabele	Biến
Vereenvoudigen	Đơn Giản Hóa
Vergelijking	Phương Trình

Antarctica
Nam Cực

Baai	Vịnh
Behoud	Bảo Tồn
Continent	Lục Địa
Eilanden	Đảo
Exploratie	Thăm Dò
Geografie	Môn địa Lý
Gletsjers	Sông Băng
Ijs	Băng
Migratie	Di Cư
Mineralen	Khoáng Sản
Omgeving	Môi Trường
Pinguïn	Chim Cánh Cụt
Rotsachtig	Rocky
Schiereiland	Bán Đảo
Soort	Loài
Temperatuur	Nhiệt Độ
Topografie	Địa Hình
Water	Nước
Wetenschappelijk	Khoa Học
Wolken	Đám Mây

Antiek
Đồ Cổ

Authentiek	Thật
Beeldhouwwerk	Điêu Khắc
Decoratief	Trang Trí
Eeuw	Thế Kỷ
Elegant	Thanh Lịch
Galerij	Bộ sưu Tập
Investering	Đầu Tư
Item	Mục
Kunst	Nghệ Thuật
Kwaliteit	Chất Lượng
Liefhebber	Enthusiast
Meubilair	Đồ nội Thất
Munten	Đồng Xu
Oud	Cũ
Prijs	Giá
Restauratie	Phục Hồi
Stijl	Phong Cách
Veiling	Đấu Giá
Verzamelaar	Thu
Waarde	Giá Trị

Archeologie
Khảo cổ Học

Aardewerk	Đồ Gốm
Analyse	Phân Tích
Beschaving	Nền văn Minh
Botten	Xương
Deskundige	Chuyên Gia
Evaluatie	Đánh Giá
Fossiel	Hóa Thạch
Fragmenten	Mảnh
Graf	Mộ
Jaren	Năm
Mysterie	Bí Ẩn
Objecten	Đối Tượng
Onbekend	Không Rõ
Oud	Cổ
Professor	Giáo Sư
Relikwie	Di Tích
Team	Đội
Tempel	Ngôi Đền
Tijdperk	Kỷ Nguyên
Vergeten	Quên

Astronomie
Thiên văn Học

Aarde	Trái Đất
Astronaut	Phi Hành Gia
Dierenriem	Zodiac
Equinox	Phân
Hemel	Bầu Trời
Komeet	Sao Chổi
Kosmos	Vũ Trụ
Maan	Mặt Trăng
Meteoor	Sao Băng
Nevel	Tinh Vân
Observatorium	Đài Quan Sát
Planeet	Hành Tinh
Raket	Tên Lửa
Satelliet	Vệ Tinh
Ster	Sao
Sterrenbeeld	Chòm Sao
Sterrenstelsel	Thiên Hà
Straling	Bức Xạ
Verduistering	Nhật Thực
Zwaartekracht	Trọng Lực

Barbecues
Ăn Thịt Nướng

Diner	Bữa Tối
Familie	Gia Đình
Fruit	Trái Cây
Grill	Nướng
Groente	Rau
Heet	Nóng
Honger	Đói
Kip	Gà
Lunch	Bữa Trưa
Messen	Dao
Muziek	Âm Nhạc
Peper	Tiêu
Salades	Salads
Saus	Nước Xốt
Tomaten	Cà Chua
Uien	Hành
Uitnodiging	Lời Mời
Vorken	Forks
Zomer	Mùa Hè
Zout	Muối

Beeldende Kunsten
Nghệ Thuật thị Giác

Aardewerk	Đồ Gốm
Architectuur	Kiến Trúc
Artiest	Nghệ Sĩ
Beeldhouwwerk	Điêu Khắc
Creativiteit	Sáng Tạo
Ezel	Vẽ
Film	Phim Ảnh
Foto	Ảnh Chụp
Klei	Đất Sét
Krijt	Phấn
Meesterwerk	Kiệt Tác
Pen	Cái Bút
Perspectief	Quan Điểm
Portret	Chân Dung
Potlood	Bút Chì
Samenstelling	Thành Phần
Schilderij	Bức Tranh
Stencil	Giấy Nến
Was	Sáp

Behoud
Bảo Tồn

Chemicaliën	Hóa Chất
Duurzaam	Bền Vững
Ecosysteem	Hệ Sinh Thái
Fiets	Xe Đạp
Gezondheid	Sức Khỏe
Groen	Xanh
Klimaat	Khí Hậu
Milieu	Môi Trường
Natuurlijk	Tự Nhiên
Onderwijs	Giáo Dục
Organisch	Hữu Cơ
Pesticide	Thuốc trừ Sâu
Recycleren	Tái Chế
Veranderingen	Thay Đổi
Verminderen	Giảm
Vervuiling	Ô Nhiễm
Vrijwilliger	Tình Nguyện
Water	Nước

Beroepen #1
Nghề Nghiệp số 1

Advocaat	Luật Sư
Ambassadeur	Đại Sứ
Apotheker	Dược Sĩ
Atleet	Lực Sĩ
Bankier	Ngân Hàng
Brandweerman	Lính cứu Hỏa
Danser	Vũ Công
Dierenarts	Bác sĩ thú Y
Dokter	Bác Sĩ
Editor	Biên tập Viên
Geoloog	Nhà địa Chất
Jager	Thợ Săn
Juwelier	Jeweler
Loodgieter	Plumber
Monteur	Thợ cơ Khí
Muzikant	Nhạc Sĩ
Natuurkundige	Nhà vật Lý
Pianist	Nghệ sĩ Piano
Verpleegster	Y Tá
Wetenschapper	Nhà Khoa Học

Bijen
Những con Ong

Bestuiver	Thụ Phấn
Bijenkorf	Hive
Bloemen	Hoa
Diversiteit	Đa Dạng
Ecosysteem	Hệ Sinh Thái
Fruit	Trái Cây
Honing	Mật Ong
Insect	Côn Trùng
Koningin	Nữ Hoàng
Planten	Cây
Rook	Khói
Stuifmeel	Phấn Hoa
Tuin	Vườn
Vleugels	Cánh
Voedsel	Thức Ăn
Voordelig	Có Lợi
Was	Sáp
Zon	Mặt Trời
Zwerm	Họp Lại

Bijvoeglijke Naamwoorden
Tính từ số 1

Aantrekkelijk	Hấp Dẫn
Absoluut	Tuyệt Đối
Actief	Hoạt Động
Ambitieus	Đầy Tham Vọng
Aromatisch	Thơm
Artistiek	Nghệ Thuật
Belangrijk	Quan Trọng
Diep	Sâu
Donker	Tối
Dun	Mỏng
Eerlijk	Trung Thực
Exotisch	Kỳ Lạ
Jong	Trẻ
Lang	Dài
Langzaam	Chậm
Modern	Hiện Đại
Onschuldig	Vô Tội
Perfect	Hoàn Hảo
Waardevol	Quý
Zwaar	Nặng

Bijvoeglijke Naamwoorden
Tính từ số 2

Authentiek	Thật
Begaafd	Năng Khiếu
Beschrijvend	Mô Tả
Creatief	Sáng Tạo
Dramatisch	Kịch
Gezond	Khỏe Mạnh
Hongerig	Đói
Interessant	Thú Vị
Moe	Mệt
Natuurlijk	Tự Nhiên
Nieuw	Mới
Normaal	Bình Thường
Productief	Màu Mỡ
Slaperig	Buồn Ngủ
Sterk	Mạnh
Trots	Tự Hào
Vers	Tươi
Wild	Hoang Dã
Zout	Mặn
Zuiver	Thuần

Biologie
Sinh Học

Ademhaling	Hô Hấp
Anatomie	Giải Phẫu Học
Bacteriën	Vi Khuẩn
Cel	Tế Bào
Chromosoom	Nhiễm sắc Thể
Collageen	Collagen
Eiwit	Protein
Embryo	Phôi
Enzym	Enzyme
Evolutie	Tiến Hóa
Fotosynthese	Quang Hợp
Hormoon	Hormone
Mutatie	Đột Biến
Natuurlijk	Tự Nhiên
Osmose	Thẩm Thấu
Pathogeen	Mầm Bệnh
Reptiel	Bò Sát
Soort	Loài
Symbiose	Cộng Sinh
Zenuw	Thần Kinh

Bloemen
Những Bông Hoa

Bloemblad	Cánh Hoa
Boeket	Bó Hoa
Gardenia	Gardenia
Hibiscus	Dâm Bụt
Jasmijn	Jasmine
Klaver	Cỏ ba Lá
Lavendel	Hoa oải Hương
Lelie	Hoa loa Kèn
Lila	Tử Đinh Hương
Madeliefje	Daisy
Magnolia	Magnolia
Orchidee	Phong Lan
Paardebloem	Bồ Công Anh
Papaver	Poppy
Pioenroos	Hoa mẫu Đơn
Plumeria	Plumeria
Roos	Hoa Hồng
Tulp	Lời Khuyên
Zonnebloem	Hướng Dương

Boeken
Sách

Auteur	Tác Giả
Bladzijde	Trang
Collectie	Bộ sưu Tập
Context	Bối Cảnh
Dualiteit	Kéo Dài
Gedicht	Bài Thơ
Geschreven	Viết
Historisch	Lịch Sử
Humoristisch	Hài Hước
Inventief	Sáng Tạo
Karakter	Nhân Vật
Lezer	Người Đọc
Literair	Văn Học
Poëzie	Thơ
Relevant	Có Liên Quan
Roman	Tiểu Thuyết
Serie	Loạt
Tragisch	Bi Kịch
Verhaal	Câu Chuyện
Woorden	Từ

Boerderij #1
Trang Trại số 1

Bij	Con Ong
Ezel	Donkey
Geit	Dê
Hek	Hàng Rào
Hond	Chó
Honing	Mật Ong
Hooi	Cỏ Khô
Kalf	Bắp Chân
Kat	Con Mèo
Kip	Gà
Koe	Bò
Kraai	Con Quạ
Kudde	Đàn
Landbouw	Nông Nghiệp
Mest	Phân Bón
Paard	Ngựa
Rijst	Gạo
Veld	Trường
Water	Nước
Zaden	Hạt Giống

Boerderij #2
Trang Trại số 2

Bijenkorf	Tổ Ong
Boer	Nông Dân
Boomgaard	Thẻ
Dieren	Động Vật
Eend	Vịt
Fruit	Trái Cây
Ganzen	Ngỗng
Gerst	Lúa Mạch
Groente	Rau
Irrigatie	Thủy Lợi
Maïs	Ngô
Melk	Sữa
Rijp	Chín
Schaap	Cừu
Schuur	Vựa
Tarwe	Lúa Mì
Tractor	Máy Kéo
Voedsel	Thức Ăn
Weide	Đồng Cỏ
Windmolen	Cối xay Gió

Boksen
Quyền Anh

Elleboog	Khuỷu Tay
Focus	Tiêu Điểm
Handschoenen	Găng Tay
Herstel	Phục Hồi
Hoek	Góc
Kin	Cằm
Klok	Chuông
Kracht	Sức Mạnh
Lichaam	Cơ Thể
Punten	Điểm
Scheidsrechter	Trọng Tài
Schoppen	Đá
Snel	Nhanh
Tegenstander	Đối Thủ
Touwen	Dây Thừng
Uitgeput	Kiệt Sức
Vaardigheid	Kỹ Năng
Vechter	Đấu Sĩ
Verwondingen	Chấn Thương
Vuist	Nắm Tay

Boten
Thuyền

Anker	Neo
Bemanning	Phi Hành Đoàn
Boei	Phao
Dok	Dock
Golven	Sóng
Jacht	Du Thuyền
Kajak	Kayak
Kano	Xuồng
Maritiem	Hàng Hải
Mast	Cột Buồm
Meer	Hồ
Motor	Động Cơ
Nautisch	Hải Lý
Oceaan	Đại Dương
Rivier	Sông
Touw	Dây Thừng
Veerboot	Phà
Vlot	Bè
Zee	Biển
Zeilboot	Thuyền Buồm

Camping
Cắm Trại

Berg	Núi
Bomen	Cây
Bos	Rừng
Brand	Lửa
Cabine	Cabin
Dieren	Động Vật
Hangmat	Võng
Hoed	Mũ
Insect	Côn Trùng
Jacht	Săn Bắn
Kaart	Bản Đồ
Kano	Xuồng
Kompas	La Bàn
Lantaarn	Đèn Lồng
Maan	Mặt Trăng
Meer	Hồ
Natuur	Thiên Nhiên
Tent	Lều
Touw	Dây Thừng
Verhalen	Câu Chuyện

Chemie
Hóa Học

Alkalisch	Kiềm
Chloor	Clo
Elektron	Điện Tử
Enzym	Enzyme
Gas	Khí
Gewicht	Cân Nặng
Ion	Ion
Katalysator	Chất xúc Tác
Koolstof	Carbon
Metalen	Kim Loại
Molecuul	Phân Tử
Organisch	Hữu Cơ
Reactie	Phản Ứng
Temperatuur	Nhiệt Độ
Vloeistof	Chất Lỏng
Warmte	Nhiệt
Waterstof	Hydro
Zout	Muối
Zuur	Axit
Zuurstof	Ôxy

Chocolade
Sô-Cô-La

Antioxidant	Antioxidant
Aroma	Thơm
Bitter	Đắng
Cacao	Cacao
Calorieën	Calo
Exotisch	Kỳ Lạ
Favoriet	Yêu Thích
Heerlijk	Ngon
Ingrediënt	Thành Phần
Karamel	Caramel
Kokosnoot	Dừa
Kwaliteit	Chất Lượng
Pinda'S	Đậu Phộng
Poeder	Bột
Recept	Công Thức
Smaak	Vị
Snoep	Kẹo
Suiker	Đường
Zoet	Ngọt

Creativiteit
Sự Sáng Tạo

Artistiek	Nghệ Thuật
Beeld	Ảnh
Dramatisch	Kịch
Echtheid	Tính xác Thực
Emoties	Cảm Xúc
Gevoel	Cảm Giác
Helderheid	Rõ Ràng
Ideeën	Ý Tưởng
Indruk	Ấn Tượng
Inspiratie	Cảm Hứng
Intensiteit	Cường Độ
Intuïtie	Trực Giác
Inventief	Sáng Tạo
Spontaan	Tự Phát
Uitdrukking	Biểu Hiện
Vaardigheid	Kỹ Năng
Visioenen	Tầm Nhìn
Vitaliteit	Sức Sống
Vloeibaarheid	Lỏng

Dagen en Maanden
Ngày và Tháng

April	Tháng Tư
Augustus	Ngày
December	Tháng 12
Dinsdag	Thứ Ba
Donderdag	Thứ Năm
Februari	Tháng Hai
Jaar	Năm
Januari	Tháng Một
Juli	Tháng Bảy
Juni	Tháng Sáu
Kalender	Lịch
Maand	Tháng
Maandag	Thứ Hai
Oktober	Tháng Mười
September	Tháng 9
Vrijdag	Thứ Sáu
Week	Tuần
Woensdag	Thứ Tư
Zaterdag	Thứ Bảy
Zondag	Chủ Nhật

Dans
Nhảy

Academie	Học Viện
Beweging	Phong Trào
Blij	Vui Vẻ
Choreografie	Choreography
Cultureel	Văn Hóa
Cultuur	Văn Hoá
Emotie	Cảm Xúc
Genade	Ân
Houding	Tư Thế
Klassiek	Cổ Điển
Kunst	Nghệ Thuật
Lichaam	Cơ Thể
Muziek	Âm Nhạc
Partner	Đối Tác
Ritme	Nhịp
Springen	Nhảy
Traditioneel	Truyền Thống
Visueel	Trực Quan

De Media
Các Phương Tiện Truyền T

Advertenties	Quảng Cáo
Commercieel	Thương Mại
Communicatie	Liên Lạc
Digitaal	Kỹ Thuật Số
Editie	Phiên Bản
Feiten	Sự Thật
Financiering	Kinh Phí
Houding	Thái Độ
Individueel	Cá Nhân
Industrie	Công Nghiệp
Intellectueel	Trí Tuệ
Kranten	Báo
Lokaal	Địa Phương
Mening	Ý Kiến
Netwerk	Mạng
Onderwijs	Giáo Dục
Online	Trực Tuyến
Publiek	Công Cộng
Radio	Đài
Tijdschriften	Tạp Chí

Diplomatie
Ngoại Giao

Adviseur	Cố Vấn
Ambassade	Đại sứ Quán
Ambassadeur	Đại Sứ
Burgers	Công Dân
Conflict	Xung Đột
Diplomatiek	Ngoại Giao
Discussie	Thảo Luận
Ethiek	Đạo Đức
Gemeenschap	Cộng Đồng
Gerechtigheid	Sự Công Bằng
Humanitair	Nhân Đạo
Integriteit	Toàn Vẹn
Oplossing	Giải Pháp
Politiek	Chính Trị
Regering	Chính Phủ
Resolutie	Nghị Quyết
Samenwerking	Hợp Tác
Talen	Ngôn Ngữ
Veiligheid	An Ninh
Verdrag	Hiệp Ước

Elektriciteit
Điện

Accu	Pin
Apparatuur	Thiết Bị
Draden	Dây
Elektricien	Thợ Điện
Elektrisch	Điện
Generator	Máy Phát Điện
Hoeveelheid	Số Lượng
Kabel	Cáp
Lamp	Đèn
Laser	Laser
Magneet	Nam Châm
Negatief	Tiêu Cực
Netwerk	Mạng
Objecten	Đối Tượng
Opslag	Lưu Trữ
Positief	Tích Cực
Stopcontact	Ổ Cắm
Telefoon	Điện Thoại

Emoties
Những cảm Xúc

Angst	Nỗi Sợ
Beschaamd	Xấu Hổ
Dankbaar	Tri Ân
Droefheid	Nỗi Buồn
Gelukzaligheid	Bliss
Inhoud	Nội Dung
Kalm	Lặng
Liefde	Yêu
Ontspannen	Thư Giãn
Opgewonden	Bị Kích Thích
Rust	Yên Bình
Sympathie	Cảm Thông
Tederheid	Dịu Dàng
Tevreden	Hài Lòng
Verveling	Chán Nản
Vrede	Hòa Bình
Vreugde	Niềm Vui
Vriendelijkheid	Lòng Tốt
Woede	Sự Phẫn Nộ

Energie
Năng Lượng

Accu	Pin
Benzine	Xăng
Brandstof	Nhiên Liệu
Diesel	Diesel
Elektrisch	Điện
Elektron	Điện Tử
Entropie	Entropy
Foton	Photon
Hernieuwbaar	Tái Tạo
Industrie	Công Nghiệp
Koolstof	Carbon
Motor	Động Cơ
Nucleair	Hạt Nhân
Omgeving	Môi Trường
Stoom	Hơi Nước
Turbine	Tua-Bin
Vervuiling	Ô Nhiễm
Warmte	Nhiệt
Waterstof	Hydro
Wind	Gió

Engineering
Kỹ Thuật

As	Trục
Berekening	Tính Toán
Beweging	Cử Động
Bouw	Xây Dựng
Diagram	Sơ Đồ
Diameter	Đường Kính
Diepte	Độ Sâu
Diesel	Diesel
Energie	Năng Lượng
Hoek	Góc
Kracht	Sức Mạnh
Machine	Máy
Meting	Đo
Motor	Động Cơ
Rotatie	Xoay
Stabiliteit	Ổn Định
Structuur	Kết Cấu
Vloeistof	Chất Lỏng
Voortstuwing	Đẩy
Wrijving	Ma Sát

Eten #1
Thực Phẩm #1

Aardbei	Dâu Tây
Abrikoos	Quả Mơ
Basilicum	Húng Quế
Citroen	Chanh
Gerst	Lúa Mạch
Kaneel	Quế
Knoflook	Tỏi
Melk	Sữa
Peer	Lê
Pinda	Đậu Phụng
Salade	Salad
Sap	Nước Ép
Soep	Súp
Spinazie	Rau Bina
Suiker	Đường
Tonijn	Cá Ngừ
Ui	Hành
Vlees	Thịt
Wortel	Cà Rốt
Zout	Muối

Eten #2
Thực Phẩm #2

Amandel	Hạnh Nhân
Ananas	Dứa
Appel	Táo
Asperge	Măng Tây
Aubergine	Cà Tím
Banaan	Chuối
Broccoli	Bông cải Xanh
Brood	Bánh Mì
Druif	Nho
Ei	Trứng
Ham	Giăm Bông
Kaas	Phô Mai
Kip	Gà
Kiwi	Quả Kiwi
Perzik	Đào
Rijst	Gạo
Tarwe	Lúa Mì
Tomaat	Cà Chua
Vis	Cá
Yoghurt	Sữa Chua

Ethiek
Đạo Đức

Altruïsme	Lòng vị Tha
Diplomatiek	Ngoại Giao
Eerbiedig	Tôn Trọng
Eerlijkheid	Trung Thực
Filosofie	Triết Học
Geduld	Kiên Nhẫn
Individualisme	Cá Nhân
Integriteit	Toàn Vẹn
Mededogen	Thương Hại
Mensheid	Nhân Loại
Optimisme	Lạc Quan
Redelijk	Hợp Lý
Samenwerking	Hợp Tác
Tolerantie	Khoan Dung
Vriendelijkheid	Lòng Tốt
Waarden	Giá Trị
Waardigheid	Nhân Phẩm
Wijsheid	Sự Khôn Ngoan

Familie
Gia Đình

Broer	Anh Trai
Dochter	Con Gái
Grootmoeder	Bà
Jeugd	Thời thơ Ấu
Kind	Con
Kinderen	Trẻ Em
Kleinzoon	Cháu Trai
Man	Chồng
Moeder	Mẹ
Neef	Cháu
Nicht	Cháu Gái
Oom	Chú
Opa	Ông
Tante	Dì
Vader	Cha
Voorouder	Tổ Tiên
Vrouw	Vợ
Zus	Em Gái

Fruit
Trái Cây

Abrikoos	Quả Mơ
Ananas	Dứa
Appel	Táo
Avocado	Trái Bơ
Banaan	Chuối
Bes	Quả Mọng
Citroen	Chanh
Druif	Nho
Framboos	Mâm Xôi
Kers	Quả anh Đào
Kiwi	Quả Kiwi
Kokosnoot	Dừa
Mango	Trái Xoài
Meloen	Dưa
Nectarine	Cây Xuân Đào
Oranje	Cam
Papaja	Đu Đủ
Peer	Lê
Perzik	Đào
Pruim	Mận

Gebouwen
Các tòa Nhà

Ambassade	Đại sứ Quán
Appartement	Căn Hộ
Boerderij	Nông Trại
Cabine	Cabin
Fabriek	Nhà Máy
Garage	Ga-Ra
Hotel	Khách Sạn
Huis	Nhà
Kasteel	Lâu Đài
Museum	Bảo Tàng
Observatorium	Đài Quan Sát
School	Trường Học
Schuur	Vựa
Stadion	Sân vận Động
Supermarkt	Siêu Thị
Tent	Lều
Theater	Rạp Hát
Toren	Tháp
Universiteit	Đại Học
Ziekenhuis	Bệnh Viện

Geografie
Môn địa Lý

Atlas	Atlas
Berg	Núi
Breedtegraad	Vĩ Độ
Continent	Lục Địa
Eiland	Đảo
Evenaar	Xích Đạo
Halfrond	Bán Cầu
Hoogte	Độ Cao
Kaart	Bản Đồ
Land	Quốc Gia
Meridiaan	Kinh Tuyến
Noorden	Bắc
Oceaan	Đại Dương
Regio	Khu Vực
Rivier	Sông
Stad	Thành Phố
Wereld	Thế Giới
Westen	Hướng Tây
Zee	Biển
Zuiden	Phía Nam

Geologie
Địa Chất Học

Aardbeving	Động Đất
Calcium	Calcium
Continent	Lục Địa
Erosie	Xói Mòn
Fossiel	Hóa Thạch
Gesmolten	Nóng Chảy
Grot	Hang Động
Koraal	San Hô
Kristallen	Tinh Thể
Kwarts	Thạch Anh
Laag	Lớp
Lava	Dung Nham
Mineralen	Khoáng Sản
Plateau	Cao Nguyên
Stalactiet	Nhũ Đá
Steen	Đá
Vulkaan	Núi Lửa
Zone	Vùng
Zout	Muối
Zuur	Axit

Geometrie
Hình Học

Berekening	Tính Toán
Cirkel	Vòng Tròn
Curve	Đường Cong
Diameter	Đường Kính
Dimensie	Kích Thước
Driehoek	Tam Giác
Hoek	Góc
Hoogte	Chiều Cao
Horizontaal	Ngang
Logica	Hợp Lý
Loodrecht	Vuông Góc
Massa	Khối Lượng
Mediaan	Trung Bình
Oppervlak	Bề Mặt
Parallel	Song Song
Segment	Khúc
Symmetrie	Đối Xứng
Theorie	Học Thuyết
Vergelijking	Phương Trình
Verticaal	Thẳng Đứng

Getallen
Con Số

Acht	Tám
Achttien	Mười Tám
Dertien	Mười Ba
Drie	Ba
Een	Một
Negen	Chín
Negentien	Mười Chín
Nul	Số Không
Tien	Mười
Twaalf	Mười Hai
Twee	Hai
Twintig	Hai Mươi
Veertien	Mười Bốn
Vier	Bốn
Vijf	Năm
Vijftien	Mười Lăm
Zes	Sáu
Zestien	Mười Sáu
Zeven	Bảy
Zeventien	Mười Bảy

Gezondheid en Welzijn #1
Sức Khỏe và sức Khỏe # 1

Actief	Hoạt Động
Apotheek	Tiệm Thuốc
Bacteriën	Vi Khuẩn
Behandeling	Điều Trị
Breuk	Gãy Xương
Dokter	Bác Sĩ
Gewoonte	Thói Quen
Honger	Đói
Hoogte	Chiều Cao
Hormonen	Kích Thích Tố
Houding	Tư Thế
Huid	Da
Letsel	Chấn Thương
Medicijn	Thuốc
Ontspanning	Thư Giãn
Reflex	Phản Xạ
Spieren	Cơ Bắp
Therapie	Trị Liệu
Virus	Vi Rút
Zenuwen	Dây Thần Kinh

Gezondheid en Welzijn #2
Sức Khỏe và sức Khỏe # 2

Allergie	Dị Ứng
Anatomie	Giải Phẫu Học
Bloed	Máu
Calorie	Calo
Dieet	Ăn Kiêng
Energie	Năng Lượng
Genetica	Di Truyền
Gewicht	Cân Nặng
Gezond	Khỏe Mạnh
Herstel	Phục Hồi
Hygiëne	Vệ Sinh
Infectie	Nhiễm Trùng
Lichaam	Cơ Thể
Massage	Xoa Bóp
Spijsvertering	Tiêu Hóa
Stress	Căng Thẳng
Vitamine	Vitamin
Voeding	Dinh Dưỡng
Ziekenhuis	Bệnh Viện
Ziekte	Bệnh

Groenten
Rau Củ

Aardappel	Khoai Tây
Artisjok	Atisô
Aubergine	Cà Tím
Broccoli	Bông cải Xanh
Erwt	Đậu
Gember	Gừng
Knoflook	Tỏi
Komkommer	Dưa Chuột
Olijf	Ô Liu
Paddestoel	Nấm
Peterselie	Mùi Tây
Pompoen	Quả bí Ngô
Radijs	Củ Cải
Salade	Salad
Selderij	Cần Tây
Sjalot	Củ Hẹ
Spinazie	Rau Bina
Tomaat	Cà Chua
Ui	Hành
Wortel	Cà Rốt

Haartypes
Các Loại Tóc

Blond	Tóc Vàng
Bruin	Màu Nâu
Dik	Dày
Droog	Khô
Dun	Mỏng
Gekleurd	Màu
Gevlochten	Bện
Gezond	Khỏe Mạnh
Glad	Mịn
Glimmend	Sáng Bóng
Grijs	Màu Xám
Kaal	Hói
Kort	Ngắn
Krullen	Curls
Krullend	Xoăn
Lang	Dài
Wit	Trắng
Zacht	Mềm
Zilver	Bạc
Zwart	Đen

Herbalisme
Chủ Nghĩa Thảo Dược

Aromatisch	Thơm
Basilicum	Húng Quế
Bloem	Hoa
Culinair	Ẩm Thực
Dille	Rau thì Là
Dragon	Giấm
Groen	Xanh
Ingrediënt	Thành Phần
Knoflook	Tỏi
Kwaliteit	Chất Lượng
Lavendel	Hoa oải Hương
Marjolein	Lá Kinh Giới
Oregano	Oregano
Peterselie	Mùi Tây
Rozemarijn	Rosemary
Saffraan	Nghệ Tây
Smaak	Hương Vị
Tijm	Xạ Hương
Tuin	Vườn
Venkel	Thì Là

Het Bedrijf
Các Công Ty

Beslissing	Quyết Định
Creatief	Sáng Tạo
Eenheden	Đơn Vị
Globaal	Toàn Cầu
Industrie	Công Nghiệp
Inkomsten	Doanh Thu
Investering	Đầu Tư
Kwaliteit	Chất Lượng
Loon	Tiền Lương
Mogelijkheid	Khả Năng
Presentatie	Trình Bày
Product	Sản Phẩm
Professioneel	Chuyên Nghiệp
Reputatie	Danh Tiếng
Risico'S	Rủi Ro
Trends	Xu Hướng
Vooruitgang	Tiến Bộ
Werkgelegenheid	Việc Làm
Zaak	Kinh Doanh

Huis
Nhà Ở

Bezem	Chổi
Bibliotheek	Thư Viện
Dak	Mái Nhà
Deur	Cửa
Douche	Vòi hoa Sen
Garage	Ga-Ra
Haard	Lò Sưởi
Hek	Hàng Rào
Kamer	Phòng
Kelder	Tầng Hầm
Keuken	Nhà Bếp
Lamp	Đèn
Meubilair	Đồ nội Thất
Muur	Tường
Plafond	Trần
Schoorsteen	Ống Khói
Slaapkamer	Phòng Ngủ
Spiegel	Gương
Tapijt	Thảm
Tuin	Vườn

Installaties
Cây

Bamboe	Tre
Bes	Quả Mọng
Bloem	Hoa
Boom	Cây
Boon	Hạt Đậu
Bos	Rừng
Cactus	Xương Rồng
Flora	Flora
Gebladerte	Lá
Gras	Cỏ
Groeien	Lớn Lên
Klimop	Ivy
Mest	Phân Bón
Mos	Rêu
Plantkunde	Thực vật Học
Stengel	Gốc
Struik	Bụi Cây
Tuin	Vườn
Vegetatie	Thực Vật
Wortel	Nguồn Gốc

Jazz
Nhạc Jazz

Album	Album
Artiest	Nghệ Sĩ
Beroemd	Nổi Danh
Componist	Nhà Soạn Nhạc
Concert	Buổi hòa Nhạc
Favorieten	Yêu Thích
Genre	Thể Loại
Improvisatie	Hứng
Invloed	Ảnh Hưởng
Lied	Bài Hát
Muziek	Âm Nhạc
Nadruk	Nhấn Mạnh
Nieuw	Mới
Orkest	Dàn Nhạc
Oud	Cũ
Ritme	Nhịp
Samenstelling	Thành Phần
Stijl	Phong Cách
Talent	Tài Năng
Techniek	Kỹ Thuật

Kleding
Quần Áo

Armband	Vòng Tay
Blouse	Áo Cánh
Broek	Quần
Handschoenen	Găng Tay
Hoed	Mũ
Jasje	Áo Khoác
Jeans	Quần Jean
Jurk	Ăn
Ketting	Vòng Cổ
Mode	Thời Trang
Pyjama	Pajama
Riem	Thắt Lưng
Rok	Váy
Sandalen	Dép
Schoen	Giày
Schort	Tạp Dề
Shirt	Áo sơ Mi
Sjaal	Khăn Quàng Cổ
Sokken	Vớ
Trui	Áo Len

Koffie
Cà Phê

Aroma	Thơm
Beker	Cốc
Bitter	Đắng
Cafeïne	Caffeine
Drank	Đồ Uống
Drinken	Uống
Filter	Bộ Lọc
Geroosterd	Rang
Malen	Xay
Melk	Sữa
Ochtend	Buổi Sáng
Oorsprong	Gốc
Prijs	Giá
Room	Kem
Smaak	Hương Vị
Suiker	Đường
Vloeistof	Chất Lỏng
Water	Nước
Zwart	Đen

Kracht en Zwaartekracht
Lực Lượng và Trọng Lực

Afstand	Khoảng Cách
As	Trục
Baan	Quỹ Đạo
Beweging	Cử Động
Centrum	Trung Tâm
Druk	Sức Ép
Dynamisch	Năng Động
Eigendommen	Tính Chất
Gewicht	Cân Nặng
Magnetisme	Từ Tính
Mechanica	Cơ Khí
Natuurkunde	Vật Lý
Omvang	Cường Độ
Ontdekking	Khám Phá
Planeten	Hành Tinh
Snelheid	Tốc Độ
Tijd	Thời Gian
Uitbreiding	Mở Rộng
Universeel	Phổ
Wrijving	Ma Sát

Kunstbenodigdheden
Đồ Dùng Nghệ Thuật

Acryl	Acrylic
Aquarellen	Màu Nước
Borstels	Bàn Chải
Camera	Máy Ảnh
Creativiteit	Sáng Tạo
Ezel	Easel
Gom	Tẩy
Houtskool	Than
Inkt	Mực
Klei	Đất Sét
Kleuren	Màu Sắc
Lijm	Keo
Olie	Dầu
Papier	Giấy
Pastel	Pastels
Potloden	Bút Chì
Stoel	Ghế
Tafel	Bàn
Verf	Sơn
Water	Nước

Landen #1
Quốc gia số 1

België	Bỉ
Brazilië	Brazil
Cambodja	Campuchia
Canada	Canada
Chili	Chile
Duitsland	Đức
Egypte	Ai Cập
Irak	Iraq
Israël	Israel
Italië	Ý
Letland	Latvia
Libië	Libya
Marokko	Morocco
Nicaragua	Nicaragua
Noorwegen	Na Uy
Panama	Panama
Polen	Ba Lan
Roemenië	Romania
Senegal	Senegal
Spanje	Tây ban Nha

Landen #2
Quốc gia # 2

Denemarken	Đan Mạch
Ethiopië	Ethiopia
Frankrijk	Pháp
Griekenland	Hy Lạp
Ierland	Ireland
Indonesië	Indonesia
Japan	Nhật Bản
Kenia	Kenya
Laos	Lào
Libanon	Lebanon
Liberia	Liberia
Maleisië	Malaysia
Mexico	Mexico
Nepal	Nepal
Nigeria	Nigeria
Oeganda	Uganda
Oekraïne	Ukraina
Rusland	Nga
Somalië	Somalia
Syrië	Syria

Landschappen
Phong Cảnh

Berg	Núi
Eiland	Đảo
Gletsjer	Sông Băng
Golf	Vịnh
Grot	Hang
Heuvel	Đồi
Lagune	Đầm
Meer	Hồ
Moeras	Đầm Lầy
Oase	Ốc Đảo
Oceaan	Đại Dương
Rivier	Sông
Schiereiland	Bán Đảo
Strand	Bãi Biển
Toendra	Lãnh Nguyên
Vallei	Thung Lũng
Vulkaan	Núi Lửa
Waterval	Thác Nước
Woestijn	Sa Mạc
Zee	Biển

Literatuur
Văn Học

Analogie	Tương Tự
Analyse	Phân Tích
Anekdote	Giai Thoại
Auteur	Tác Giả
Biografie	Tiểu Sử
Conclusie	Phần kết Luận
Dialoog	Hội Thoại
Fictie	Viễn Tưởng
Gedicht	Bài Thơ
Mening	Ý Kiến
Metafoor	Ẩn Dụ
Omschrijving	Sự Miêu Tả
Poëtisch	Thơ
Rijm	Vần
Ritme	Nhịp
Roman	Tiểu Thuyết
Stijl	Phong Cách
Thema	Chủ Đề
Tragedie	Bi Kịch
Vergelijking	So Sánh

Meditatie
Thiền

Aandacht	Chú Ý
Aanvaarding	Chấp Nhận
Ademhaling	Thở
Beweging	Phong Trào
Dankbaarheid	Lòng Biết Ơn
Emoties	Cảm Xúc
Gedachten	Suy Nghĩ
Geluk	Hạnh Phúc
Helderheid	Rõ Ràng
Houding	Tư Thế
Kalm	Lặng
Mededogen	Thương Hại
Mentaal	Tâm Thần
Muziek	Âm Nhạc
Natuur	Thiên Nhiên
Observatie	Quan Sát
Perspectief	Quan Điểm
Stilte	Im Lặng
Vrede	Hòa Bình
Vriendelijkheid	Lòng Tốt

Meer Informatie
Khoa học Viễn Tưởng

Atoom	Nguyên Tử
Boeken	Sách
Brand	Lửa
Denkbeeldig	Tưởng Tượng
Dystopie	Dystopia
Explosie	Nổ
Extreem	Cực
Fantastisch	Tuyệt Vời
Futuristisch	Tương Lai
Illusie	Ảo Giác
Klonen	Nhái
Mysterieus	Bí Ẩn
Orakel	Oracle
Planeet	Hành Tinh
Realistisch	Thực Tế
Scenario	Kịch Bản
Sterrenstelsel	Thiên Hà
Technologie	Công Nghệ
Utopie	Utopia
Wereld	Thế Giới

Menselijk Lichaam
Cơ thể con Người

Been	Chân
Bloed	Máu
Elleboog	Khuỷu Tay
Enkel	Mắt Cá
Hand	Tay
Hart	Tim
Hersenen	Óc
Hoofd	Đầu
Huid	Da
Kaak	Hàm
Kin	Cằm
Knie	Đầu Gối
Maag	Bụng
Mond	Miệng
Nek	Cổ
Neus	Mũi
Oor	Tai
Schouder	Vai
Tong	Lưỡi
Vinger	Ngón Tay

Metingen
Các Phép Đo

Breedte	Chiều Rộng
Byte	Byte
Centimeter	Centimet
Decimaal	Thập Phân
Diepte	Độ Sâu
Gewicht	Cân Nặng
Graad	Trình Độ
Gram	Gram
Hoogte	Chiều Cao
Inch	Inch
Kilogram	Kilôgam
Kilometer	Kilômét
Lengte	Chiều Dài
Liter	Lít
Massa	Khối Lượng
Meter	Mét
Minuut	Phút
Ons	Ounce
Ton	Tấn
Volume	Âm Lượng

Mode
Thời Trang

Bescheiden	Khiêm Tốn
Betaalbaar	Phải Chăng
Borduurwerk	Nghề Thêu
Comfortabel	Thoải Mái
Duur	Đắt
Eenvoudig	Đơn Giản
Elegant	Thanh Lịch
Kant	Ren
Kleding	Quần Áo
Knop	Nút
Minimalistisch	Tối Giản
Modern	Hiện Đại
Origineel	Gốc
Patroon	Mẫu
Praktisch	Thực Tế
Stijl	Phong Cách
Stof	Vải
Textuur	Kết Cấu
Trend	Xu Hướng
Winkel	Cửa Hàng

Muziek
Âm Nhạc

Album	Album
Ballade	Ballad
Harmonie	Hòa Hợp
Improviseren	Ứng Biến
Instrument	Dụng Cụ
Klassiek	Cổ Điển
Koor	Điệp Khúc
Lyrisch	Trữ Tình
Melodie	Giai Điệu
Microfoon	Microphone
Muzikaal	Âm Nhạc
Muzikant	Nhạc Sĩ
Opera	Opera
Opname	Ghi Âm
Poëtisch	Thơ
Ritme	Nhịp
Ritmisch	Nhịp Nhàng
Tempo	Tiến Độ
Zanger	Ca Sĩ
Zingen	Hát

Muziekinstrumenten
Nhạc Cụ

Banjo	Bass
Cello	Cello
Fagot	Dàn Nhạc
Fluit	Sáo
Gitaar	Đàn ghi Ta
Gong	Chiêng
Harp	Đàn Hạc
Klarinet	Clarinet
Klokkenspel	Chuông
Mandoline	Mandolin
Marimba	Marimba
Mondharmonica	Harmonica
Percussie	Gõ
Piano	Dương Cầm
Saxofoon	Saxophone
Tamboerijn	Lục Lạc
Trombone	Trombone
Trommel	Trống
Trompet	Kèn
Viool	Đàn vi ô Lông

Mythologie
Thần Thoại

Archetype	Nguyên Mẫu
Bliksem	Sét
Creatie	Sáng Tạo
Cultuur	Văn Hoá
Donder	Sấm
Doolhof	Mê Cung
Gedrag	Hành Vi
Held	Anh Hùng
Heldin	Nữ anh Hùng
Hemel	Thiên Đường
Jaloezie	Ghen
Kracht	Sức Mạnh
Krijger	Chiến Binh
Legende	Truyền Thuyết
Monster	Quái Vật
Onsterfelijkheid	Sự bất Tử
Ramp	Thảm Họa
Sterfelijk	Có Chết
Wezen	Sinh Vật
Wraak	Trả Thù

Natuur
Thiên Nhiên

Arctisch	Bắc Cực
Bergen	Núi
Bijen	Ong
Bos	Rừng
Dieren	Động Vật
Dynamisch	Năng Động
Erosie	Xói Mòn
Gebladerte	Lá
Gletsjer	Sông Băng
Heiligdom	Thánh
Mist	Sương Mù
Rivier	Sông
Rustig	Hòa Bình
Schoonheid	Vẻ Đẹp
Sereen	Serene
Tropisch	Nhiệt Đới
Vitaal	Quan Trọng
Wild	Hoang Dã
Woestijn	Sa Mạc
Wolken	Đám Mây

Natuurkunde
Vật Lý

Atoom	Nguyên Tử
Chaos	Hỗn Loạn
Chemisch	Hóa Chất
Deeltje	Hạt
Dichtheid	Mật Độ
Elektron	Điện Tử
Experiment	Thí Nghiệm
Formule	Công Thức
Frequentie	Tần Số
Gas	Khí
Magnetisme	Từ Tính
Massa	Khối Lượng
Mechanica	Cơ Khí
Molecuul	Phân Tử
Motor	Động Cơ
Snelheid	Tốc Độ
Uitbreiding	Mở Rộng
Universeel	Phổ
Versnelling	Gia Tốc
Zwaartekracht	Trọng Lực

Oceaan
Đại Dương

Aal	Lươn
Algen	Tảo
Boot	Thuyền
Dolfijn	Cá Heo
Garnaal	Tôm
Getijden	Thủy Triều
Haai	Cá Mập
Koraal	San Hô
Krab	Cua
Kwal	Sứa
Octopus	Bạch Tuộc
Oester	Hàu
Rif	Trả Lại
Schildpad	Rùa
Spons	Bọt Biển
Storm	Bão Táp
Tonijn	Cá Ngừ
Vis	Cá
Walvis	Cá Voi
Zout	Muối

Opwarming van de Aarde
Sự Nóng lên Toàn Cầu

Aandacht	Chú Ý
Arctisch	Bắc Cực
Crisis	Khủng Hoảng
Energie	Năng Lượng
Gas	Khí
Gegevens	Dữ Liệu
Generaties	Các thế Hệ
Gevolgen	Hậu Quả
Industrie	Công Nghiệp
Internationaal	Quốc Tế
Klimaat	Khí Hậu
Milieu	Môi Trường
Nu	Bây Giờ
Ontwikkeling	Phát Triển
Regering	Chính Phủ
Temperaturen	Nhiệt Độ
Toekomst	Tương Lai
Veranderingen	Thay Đổi
Wetenschapper	Nhà Khoa Học
Wetgeving	Pháp Luật

Overheid
Chính Quyền

Burgerschap	Quốc Tịch
Civiel	Dân Sự
Democratie	Dân Chủ
Discussie	Thảo Luận
Gelijkheid	Bình Đẳng
Gerechtelijk	Tư Pháp
Gerechtigheid	Sự Công Bằng
Grondwet	Hiến Pháp
Leider	Lãnh Đạo
Monument	Monument
Natie	Quốc Gia
Politiek	Chính Trị
Rechten	Quyền
Rustig	Hòa Bình
Staat	Tiểu Bang
Symbool	Biểu Tượng
Toespraak	Phát Biểu
Vrijheid	Tự Do
Wet	Luật
Wijk	Quận

Psychologie
Tâm lý Học

Afspraak	Cuộc Hẹn
Beoordeling	Đánh Giá
Bewusteloos	Bất Tỉnh
Cognitie	Nhận Thức
Conflict	Xung Đột
Dromen	Giấc Mơ
Ego	Cái Tôi
Emoties	Cảm Xúc
Ervaringen	Kinh Nghiệm
Gedachten	Suy Nghĩ
Gedrag	Hành Vi
Gevoel	Cảm Giác
Ideeën	Ý Tưởng
Invloed	Ảnh Hưởng
Jeugd	Thời thơ Ấu
Klinisch	Lâm Sàng
Persoonlijkheid	Cá Tính
Probleem	Vấn Đề
Realiteit	Thực Tế
Therapie	Trị Liệu

Restaurant #2
Nhà Hàng số 2

Cake	Bánh
Diner	Bữa Tối
Drank	Đồ Uống
Eieren	Trứng
Fruit	Trái Cây
Groente	Rau
Heerlijk	Ngon
Ijs	Băng
Lepel	Cái Thìa
Lunch	Bữa Trưa
Noedels	Mì
Ober	Phục vụ Nam
Salade	Salad
Soep	Súp
Specerijen	Gia Vị
Stoel	Ghế
Vis	Cá
Vork	Cái Nĩa
Water	Nước
Zout	Muối

Rijden
Điều Khiển

Auto	Xe Hơi
Brandstof	Nhiên Liệu
Garage	Ga-Ra
Gas	Khí
Gevaar	Nguy Hiểm
Kaart	Bản Đồ
Licentie	Giấy Phép
Motor	Động Cơ
Motorfiets	Xe Máy
Ongeluk	Tai Nạn
Politie	Cảnh Sát
Remmen	Phanh
Snelheid	Tốc Độ
Straat	Đường Phố
Tunnel	Đường Hầm
Veiligheid	An Toàn
Verkeer	Giao Thông
Voetganger	Đi Bộ
Vrachtauto	Xe Tải
Weg	Đường

Schaken
Cờ Vua

Diagonaal	Đường Chéo
Kampioen	Quán Quân
Koning	Vua
Koningin	Nữ Hoàng
Offer	Hy Sinh
Passief	Thụ Động
Punten	Điểm
Reglement	Quy Tắc
Slim	Thông Minh
Spel	Trò Chơi
Speler	Người Chơi
Strategie	Chiến Lược
Tegenstander	Đối Thủ
Tijd	Thời Gian
Toernooi	Giải Đấu
Wedstrijd	Cuộc Thi
Wit	Trắng
Zwart	Đen

Schoonheid
Sắc Đẹp

Charme	Quyến Rũ
Cosmetica	Mỹ Phẩm
Diensten	Dịch Vụ
Elegant	Thanh Lịch
Elegantie	Sang Trọng
Fotogeniek	Ăn Ảnh
Genade	Ân
Geur	Hương Thơm
Glad	Mịn
Huid	Da
Kleur	Màu
Krullen	Curls
Lippenstift	Son Môi
Mascara	Mascara
Oliën	Dầu
Schaar	Kéo
Shampoo	Dầu Gội
Spiegel	Gương
Stilist	Stylist
Verzinnen	Trang Điểm

Specerijen
Gia Vị

Anijs	Cây Hồi
Bitter	Đắng
Fenegriek	Cỏ cà Ri
Gember	Gừng
Kaneel	Quế
Kardemom	Thảo Quả
Kerrie	Cà Ri
Knoflook	Tỏi
Komijn	Cây thì Là
Koriander	Rau Mùi
Kruidnagel	Đinh Hương
Nootmuskaat	Nhục đậu Khấu
Paprika	Ớt cựa Gà
Saffraan	Nghệ Tây
Smaak	Hương Vị
Ui	Hành
Vanille	Vani
Venkel	Thì Là
Zoet	Ngọt
Zout	Muối

Strand
Trên bãi Biển,

Blauw	Màu Xanh
Boot	Thuyền
Dok	Dock
Eiland	Đảo
Handdoek	Khăn
Krab	Cua
Kust	Bờ Biển
Lagune	Đầm
Oceaan	Đại Dương
Paraplu	Ô
Rif	Trả Lại
Sandalen	Dép
Schelpen	Vỏ
Vakantie	Kỳ Nghỉ
Zand	Cát
Zee	Biển
Zeilboot	Thuyền Buồm
Zon	Mặt Trời

Technologie
Công Nghệ

Bericht	Thông Điệp
Bestand	Tập Tin
Blog	Blog
Browser	Trình Duyệt
Bytes	Nội
Camera	Máy Ảnh
Computer	Máy Tính
Cursor	Con Trỏ
Digitaal	Kỹ Thuật Số
Gegevens	Dữ Liệu
Internet	Internet
Lettertype	Chữ
Onderzoek	Nghiên Cứu
Scherm	Màn
Software	Phần Mềm
Statistiek	Thống Kê
Veiligheid	An Ninh
Virtueel	Ảo
Virus	Vi Rút

Tijd
Thời Gian

Dag	Ngày
Decennium	Thập Kỷ
Eeuw	Thế Kỷ
Gisteren	Hôm Qua
Jaar	Năm
Jaarlijks	Hàng Năm
Kalender	Lịch
Klok	Đồng Hồ
Maand	Tháng
Middag	Buổi Trưa
Minuut	Phút
Na	Sau
Nacht	Đêm
Nu	Bây Giờ
Ochtend	Buổi Sáng
Toekomst	Tương Lai
Uur	Giờ
Vandaag	Hôm Nay
Vroeg	Sớm
Week	Tuần

Tuin
Khu Vườn

Bank	Băng Ghế
Bloem	Hoa
Bodem	Đất
Boom	Cây
Boomgaard	Thẻ
Garage	Ga-Ra
Gras	Cỏ
Hangmat	Võng
Hark	Cào
Hek	Hàng Rào
Onkruid	Weeds
Rotsen	Đá
Schop	Xẻng
Slang	Vòi
Struik	Bụi Cây
Terras	Sân Thượng
Trampoline	Tấm Bạt
Tuin	Vườn
Veranda	Hiên
Vijver	Ao

Vakantie #2
Kỳ Nghỉ số 2

Bergen	Núi
Bestemming	Điểm Đến
Buitenlands	Ngoại Quốc
Eiland	Đảo
Foto'S	Ảnh
Hotel	Khách Sạn
Kaart	Bản Đồ
Kamperen	Cắm Trại
Luchthaven	Sân Bay
Paspoort	Hộ Chiếu
Reis	Hành Trình
Strand	Bãi Biển
Taxi	Xe tắc Xi
Tent	Lều
Trein	Xe Lửa
Vakantie	Ngày Lễ
Vervoer	Vận Chuyển
Visum	Thị Thực
Vrije Tijd	Giải Trí
Zee	Biển

Vissen
Đánh bắt Cá

Aas	Mồi
Apparatuur	Thiết Bị
Boot	Thuyền
Draad	Dây
Geduld	Kiên Nhẫn
Gewicht	Cân Nặng
Haak	Móc
Kaak	Hàm
Kieuwen	Mang
Kok	Nấu
Mand	Cái Rổ
Meer	Hồ
Oceaan	Đại Dương
Overdrijving	Phóng Đại
Rivier	Sông
Seizoen	Mùa
Strand	Bãi Biển
Vinnen	Vây
Water	Nước

Vliegtuigen
Máy Bay

Afdaling	Hạ Xuống
Ballon	Bóng
Bemanning	Phi Hành Đoàn
Bouw	Xây Dựng
Brandstof	Nhiên Liệu
Geschiedenis	Lịch Sử
Hemel	Bầu Trời
Hoogte	Chiều Cao
Lanceren	Phóng
Landen	Đổ Bộ
Lucht	Không Khí
Motor	Động Cơ
Ontwerp	Thiết Kế
Passagier	Hành Khách
Piloot	Phi Công
Propellers	Cánh Quạt
Richting	Hướng
Turbulentie	Nhiễu Loạn
Waterstof	Hydro
Weer	Thời Tiết

Voeding
Dinh Dưỡng

Bitter	Đắng
Calorieën	Calo
Dieet	Ăn Kiêng
Eetbaar	Ăn Được
Eetlust	Ngon
Eiwitten	Protein
Evenwichtig	Cân Bằng
Fermentatie	Lên Men
Gewicht	Cân Nặng
Gezond	Khỏe Mạnh
Gezondheid	Sức Khỏe
Koolhydraten	Carbohydrate
Kwaliteit	Chất Lượng
Saus	Nước Xốt
Smaak	Hương Vị
Specerijen	Gia Vị
Spijsvertering	Tiêu Hóa
Toxine	Độc Tố
Vitamine	Vitamin
Vloeistoffen	Chất Lỏng

Voertuigen
Xe Cộ

Ambulance	Xe cứu Thương
Auto	Xe Hơi
Banden	Lốp
Bestelwagen	Van
Boot	Thuyền
Bus	Xe Buýt
Caravan	Caravan
Fiets	Xe Đạp
Metro	Xe Điện Ngầm
Motor	Động Cơ
Onderzeeër	Tàu Ngầm
Raket	Tên Lửa
Scooter	Xe tay Ga
Taxi	Xe tắc Xi
Tractor	Máy Kéo
Trein	Xe Lửa
Veerboot	Phà
Vliegtuig	Máy Bay
Vlot	Bè
Vrachtauto	Xe Tải

Vogels
Chim

Duif	Chim bồ Câu
Eend	Vịt
Ei	Trứng
Flamingo	Flamingo
Gans	Ngỗng
Kip	Gà
Koekoek	Chim Cu
Kraai	Con Quạ
Meeuw	Mòng Biển
Mus	Chim Sẻ
Ooievaar	Cò
Papegaai	Con Vẹt
Pauw	Công
Pelikaan	Bồ Nông
Pinguïn	Chim Cánh Cụt
Reiger	Diệc
Struisvogel	Đà Điểu
Toekan	Toucan
Uil	Cú
Zwaan	Thiên Nga

Vormen
Hình Dạng

Bol	Cầu
Boog	Cung
Cilinder	Hình Trụ
Cirkel	Vòng Tròn
Curve	Đường Cong
Driehoek	Tam Giác
Hoek	Góc
Hyperbool	Hyperbola
Kant	Bên
Kegel	Nón
Lijn	Hàng
Ovaal	Ellipse
Piramide	Kim tự Tháp
Prisma	Lăng
Randen	Cạnh
Rechthoek	Hình chữ Nhật
Ronde	Vòng
Veelhoek	Đa Giác
Vierkant	Quảng Trường

Wandelen
Đi bộ Đường Dài

Berg	Núi
Dieren	Động Vật
Gevaren	Mối Nguy Hiểm
Kaart	Bản Đồ
Kamperen	Cắm Trại
Klif	Vách Đá
Klimaat	Khí Hậu
Laarzen	Giày Ống
Moe	Mệt
Muggen	Muỗi
Natuur	Thiên Nhiên
Oriëntatie	Sự Định Hướng
Parken	Công Viên
Stenen	Đá
Voorbereiding	Chuẩn Bị
Water	Nước
Weer	Thời Tiết
Wild	Hoang Dã
Zon	Mặt Trời
Zwaar	Nặng

Water
Nước

Douche	Vòi hoa Sen
Drinkbaar	Uống
Geiser	Geyser
Golven	Sóng
Ijs	Nước Đá
Irrigatie	Thủy Lợi
Kanaal	Kênh
Meer	Hồ
Moesson	Gió Mùa
Oceaan	Đại Dương
Orkaan	Cơn Bão
Overstroming	Lũ Lụt
Regen	Mưa
Rivier	Sông
Sneeuw	Tuyết
Stoom	Hơi Nước
Verdamping	Bay Hơi
Vocht	Độ Ẩm
Vorst	Sương Giá

Weersomstandigheden
Thời Tiết

Atmosfeer	Không Khí
Bliksem	Sét
Donder	Sấm Sét
Droogte	Hạn Hán
Hemel	Bầu Trời
Ijs	Nước Đá
Klimaat	Khí Hậu
Mist	Sương Mù
Moesson	Gió Mùa
Orkaan	Cơn Bão
Overstroming	Lũ Lụt
Polair	Cực
Regenboog	Cầu Vồng
Storm	Bão Táp
Temperatuur	Nhiệt Độ
Tornado	Lốc Xoáy
Tropisch	Nhiệt Đới
Vochtig	Ẩm Ướt
Wind	Gió
Wolk	Đám Mây

Wetenschap
Khoa Học

Atoom	Nguyên Tử
Chemisch	Hóa Chất
Deeltjes	Hạt
Evolutie	Tiến Hóa
Experiment	Thí Nghiệm
Feit	Thực Tế
Fossiel	Hóa Thạch
Gegevens	Dữ Liệu
Hypothese	Giả Thuyết
Klimaat	Khí Hậu
Methode	Phương Pháp
Mineralen	Khoáng Sản
Moleculen	Phân Tử
Natuur	Thiên Nhiên
Natuurkunde	Vật Lý
Observatie	Quan Sát
Planten	Cây
Wetenschapper	Nhà Khoa Học
Zwaartekracht	Trọng Lực

Wetenschappelijke Discip
Các Ngành Khoa Học

Anatomie	Giải Phẫu Học
Archeologie	Khảo cổ Học
Astronomie	Thiên văn Học
Biochemie	Hóa Sinh
Biologie	Sinh Học
Chemie	Hóa Học
Ecologie	Sinh Thái
Fysiologie	Sinh lý Học
Geologie	Địa Chất Học
Immunologie	Miễn Dịch
Mechanica	Cơ Khí
Meteorologie	Khí Tượng Học
Mineralogie	Khoáng
Neurologie	Thần Kinh
Plantkunde	Thực vật Học
Psychologie	Tâm Lý
Robotica	Robotics
Sociologie	Xã hội Học
Voeding	Dinh Dưỡng
Zoölogie	Động vật Học

Wiskunde
Toán Học

Bol	Cầu
Decimaal	Thập Phân
Diameter	Đường Kính
Driehoek	Tam Giác
Exponent	Mũ
Fractie	Phân Số
Geometrie	Hình Học
Hoeken	Góc
Loodrecht	Vuông Góc
Omtrek	Chu Vi
Parallel	Song Song
Rechthoek	Hình chữ Nhật
Rekenkundig	Số Học
Som	Tổng
Straal	Bán Kính
Symmetrie	Đối Xứng
Veelhoek	Đa Giác
Vergelijking	Phương Trình
Vierkant	Quảng Trường
Volume	Âm Lượng

Zakelijk
Doanh Nghiệp

Bedrijf	Công Ty
Begroting	Ngân Sách
Belastingen	Thuế
Carrière	Nghề Nghiệp
Economie	Kinh Tế
Fabriek	Nhà Máy
Financiën	Tài Chính
Geld	Tiền
Inkomen	Thu Nhập
Investering	Đầu Tư
Kantoor	Văn Phòng
Korting	Giảm Giá
Kosten	Chi Phí
Transactie	Giao Dịch
Valuta	Tiền Tệ
Verkoop	Bán
Werkgever	Chủ Nhân
Werknemer	Nhân Viên
Winkel	Cửa Tiệm
Winst	Lợi Nhuận

Ziekte
Bệnh

Ademhaling	Hô Hấp
Allergieën	Dị Ứng
Bacterieel	Vi Khuẩn
Besmettelijk	Lây Nhiễm
Botten	Xương
Buik	Bụng
Chronisch	Mãn Tính
Erfelijk	Di Truyền
Genezing	Chữa Bệnh
Gezondheid	Sức Khỏe
Hart	Tim
Immuniteit	Miễn Dịch
Lenden-	Thắt Lưng
Lichaam	Cơ Thể
Ontsteking	Viêm
Sinus	Xoang
Syndroom	Hội Chứng
Therapie	Trị Liệu
Ziekteverwekkers	Mầm Bệnh
Zwak	Yếu

Zoogdieren
Động vật có Vú

Aap	Khỉ
Bever	Hải Ly
Coyote	Coyote
Dolfijn	Cá Heo
Ezel	Donkey
Geit	Dê
Giraf	Hươu cao Cổ
Gorilla	Khỉ Đột
Hond	Chó
Kameel	Lạc Đà
Kangoeroe	Kangaroo
Kat	Con Mèo
Konijn	Thỏ
Leeuw	Sư Tử
Olifant	Con Voi
Paard	Ngựa
Stier	Bò Đực
Vos	Cáo
Walvis	Cá Voi
Wolf	Chó Sói

Gefeliciteerd

Je hebt het gehaald!

We hopen dat u net zoveel plezier beleeft aan dit boek als wij aan het maken ervan. We doen ons best om spellen van hoge kwaliteit te maken.
Deze puzzels zijn op een slimme manier ontworpen zodat je actief kunt leren terwijl je plezier hebt!

Vond je ze mooi?

Een Eenvoudig Verzoek

Onze boeken bestaan dankzij de recensies die zij publiceren.
Kunt u ons helpen door nu een mening achter te laten ?

Hier is een korte link die u naar uw
bestellingen beoordelingspagina.

BestBooksActivity.com/Recensie50

FINAAL UITDAGING!

Uitdaging nr. 1

Klaar voor uw bonusspel? We gebruiken ze de hele tijd, maar ze zijn niet zo gemakkelijk te vinden. Hier zijn **Synoniemen!**

Noteer 5 woorden die je ontdekt hebt in elk van de onderstaande puzzels (nr. 21, nr. 36, nr. 76) en probeer voor elk woord 2 synoniemen te vinden.

Notitie 5 Woorden uit ***Puzzle 21***

Woorden	Synoniem 1	Synoniem 2

Notitie 5 Woorden uit ***Puzzle 36***

Woorden	Synoniem 1	Synoniem 2

Notitie 5 Woorden uit ***Puzzle 76***

Woorden	Synoniem 1	Synoniem 2

Uitdaging nr. 2

Nu je opgewarmd bent, noteer 5 woorden die je ontdekt hebt in elke hieronder genoteerde puzzel (nr. 9, nr. 17, nr. 25) en probeer voor elk woord 2 antoniemen te vinden. Hoeveel regels kan je doen in 20 minuten?

Notitie 5 Woorden uit ***Puzzle 9***

Woorden	Antoniem 1	Antoniem 2

Notitie 5 Woorden uit ***Puzzle 17***

Woorden	Antoniem 1	Antoniem 2

Notitie 5 Woorden uit ***Puzzle 25***

Woorden	Antoniem 1	Antoniem 2

Uitdaging nr. 3

Prachtig, deze finaal uitdaging  is makkelijk voor jou!

Klaar voor de laatste? Kies je 10 favoriete woorden die je in een van de puzzels hebt ontdekt en noteer ze hieronder.

1.	6.
2.	7.
3.	8.
4.	9.
5.	10.

De uitdaging is nu om met deze woorden en binnen een maximum van zes zinnen een tekst te schrijven over een persoon, dier of plaats waar je van houdt!

Tip: U kunt de laatste blanco pagina van dit boek als kladblaadje gebruiken!

Je schrijven:

NOTITIEBOEKJE:

TOT SNEL!

Linguas Classics

www.ingramcontent.com/pod-product-compliance
Lightning Source LLC
Chambersburg PA
CBHW081713120626
46550CB00010B/3114
* 9 7 9 8 8 9 6 7 0 2 4 2 9 *